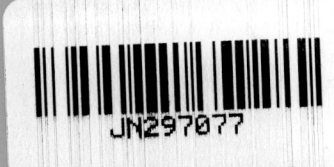

素材別

キッズハンドクラフト

楽しい
テープ工作

立花愛子・佐々木伸

いかだ社

目次

作品づくりの前に用意しておくと便利な道具

●筆記用具（鉛筆・消しゴム・油性マーカー・色鉛筆・絵の具・クレヨン）

●切るときに使う道具（はさみ・カッター）　●その他（ホチキス・穴あけパンチ・千枚通し・定規）

☆各ページの“材料”は、その作品をつくるために必要なものを表示してあります。

テープの種類と特徴

【粘着テープ】

●セロハンテープ／接着力は強く、指先でしっかりこすってはりつけます。接着以外にも、丸めて粘土のような使い方もできます。

●両面テープ／のりがしみこまないプラスチックや金属の接着に便利です。

●ビニールテープ／耐水性なので水を使う工作に向いています。電気を通さないので絶縁テープにもなります。

●布ガムテープ／粘着力が強く、布製なので織り目にそって手でまっすぐにさくことができます。

●クラフトテープ／粘着力の強い紙製のテープです。表面のはく離性が強いため、重ねてはることができません。

●工作用マスキングテープ／塗装のときの色のはみ出しを防止するテープですが、はがしたときに粘着ののりが残らないような工夫がされています。薄いので重ねると新しい色合いになります。

●幅広マスキングテープ／塗装のとき、色のはみ出しを防止したりするテープです。粘着力が弱いため、はがした後がきれいなので仮止めに適しています。

●幅広キラキラテープ／装飾用のアルミテープです。色数も豊富で、見る角度で色が変化するものもあります。

●メモックロールテープ／表面にメモを書いて、はってはがせるテープです。

【粘着のないテープ】

●紙テープ／七夕のくさりなど装飾に使われる紙製のテープです。切る・はる・書くが手軽にできるので紙工作に適しています。

●スズランテープ／荷造り用のテープです。色数も豊富で、縦に手でさけるのでポンポンづくりには欠かせません。

●キラキラテープ／装飾用なので色数も豊富で、パールのような輝きのものもあります。

●カーリングテープ／ラッピング用に使われています。ポリプロピレン製で、はさみや定規の縁などでしごくとカールします。

●紙バンド／紙ひもを何本か平たくはり合わせた荷造り用のバンドです。ホチキスやボンドで簡単に接着できます。

● PP テープ／荷造り用のテープですが、手芸用にも使われ色数も豊富です。ポリプロピレン製で水に強く、外に飾るものや水を使う工作に適しています。

スイーツ

作品写真→ p33

●●●材料●●●

ビニールテープ
セロハンテープ
プラスチックの空き容器

※コンビニのサラダやミニ冷やしめんなど、スイーツを乗せると本物らしくみえる容器を集めておきましょう。

つくり方

ビニールテープやセロハンテープを軽く丸めると、粘着面も表に出てきます。粘着面が丸めたテープどうしをくっつけて、ねん土遊びをしているような感覚でつくれます。

1 ●丸める

テープを 20 ～ 30cm の長さに切って、両手のひらでころがすように丸める。

2

1 をつくりたい形に並べたり、まとめてかたちをつくる。

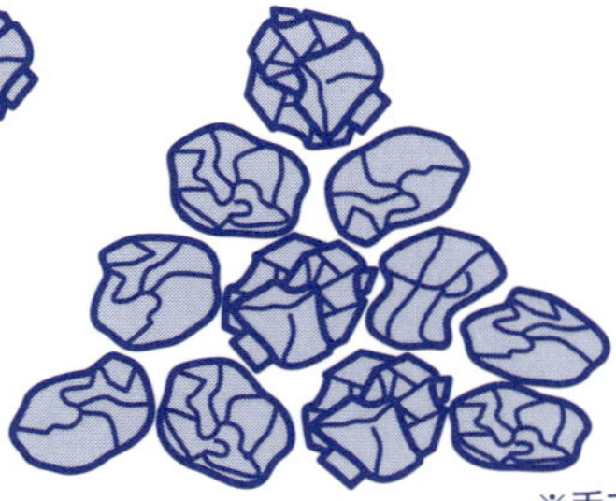

スイカなど

クリームやプリンなど

※手でしっかりおしてくっつけていく

3 ●細くする

ビニールテープの粘着面が表に出るように斜めに巻く。

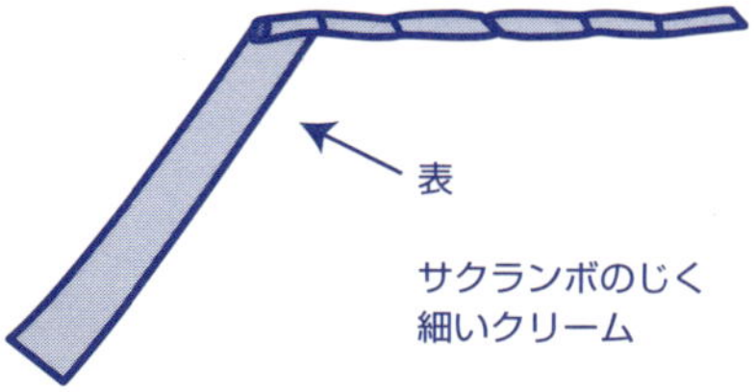

サクランボのじく
細いクリーム

4

２を直接容器に入れていく。特にセロハンテープは透明感を残すように軽く丸める。

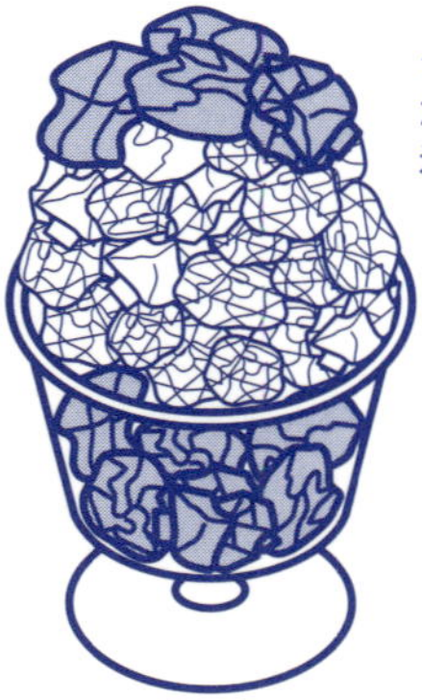

クリームあんみつのかんてん
氷メロンの氷など

5 ●平たくたたむ

平たくたたんで形をつくる。

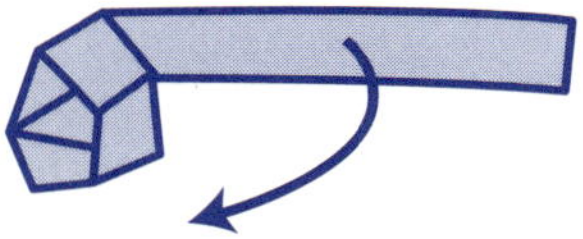

プリンのソース　イチゴ、
ミカン、モモ　など

6 ●波のようにたたむ

広がらないようにテープでとめる。

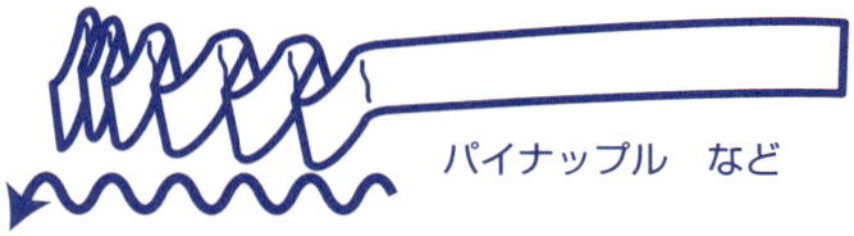

パイナップル　など

7 ● ２色のクリーム

粘着面が外側になるように大きくねじる。

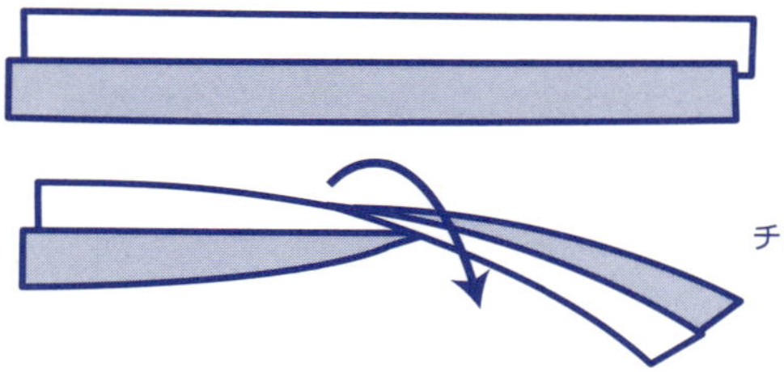

チョコレートパフェのクリーム

紙テープのパスタ

●●●材料●●●
紙テープ　容器
ティッシュペーパー

紙テープは表と裏が同じ色で、丸めてあったくせがついているので、そのままでもパスタのようです。それらしい容器に入れて、紙テープをきざめばトッピングもかんたんにつくれます。

作品写真→ p33

つくり方

1 それぞれのパスタは、紙テープを半分に切って細くする。

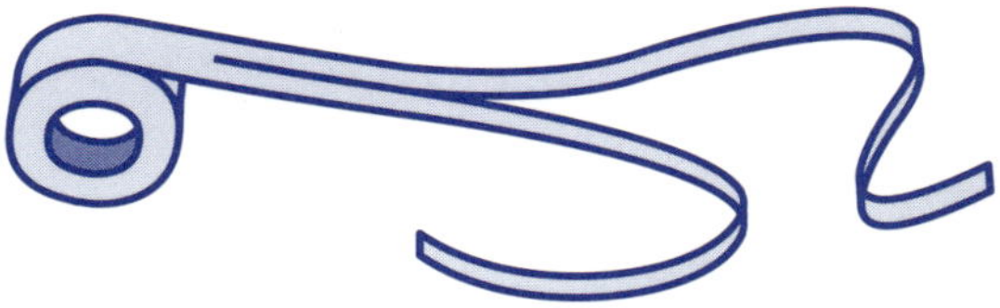

2 1 を容器にもりつけ、紙テープを切って、きざみのりやみじん切りパセリ、ネギ、粉チーズなどをつくり、1 の上にちらす。

ざるそば

ナポリタン

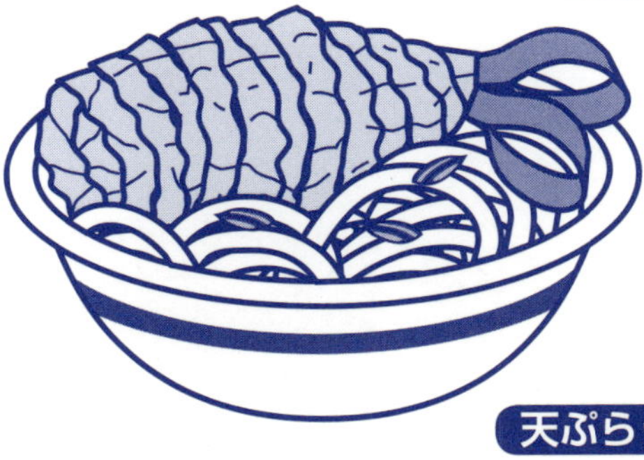

天ぷらうどん

3 **●エビをつくる**
ティッシュペーパーを丸めてエビの形に整え、紙テープをねじって巻いていく。紙テープを輪にして、エビのしっぽにする。

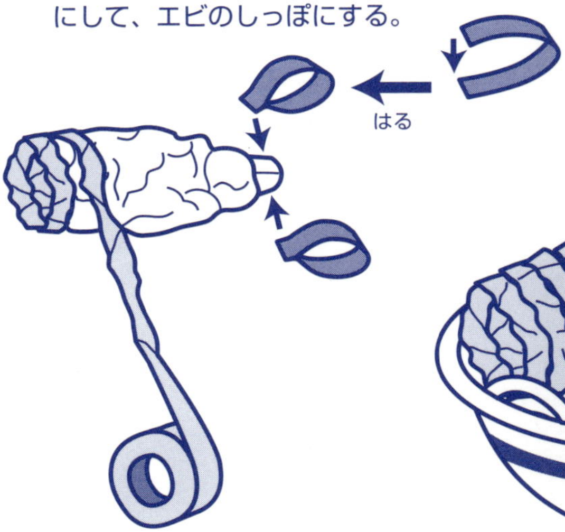

カラフル野菜

作品写真→ p33

●●●材料●●●

スズランテープ
セロハンテープ　新聞紙
白の半紙　プチプチシート

スズランテープのつやは、新鮮な野菜のみずみずしさにぴったりの素材です。実物をよく見て、大きくおいしそうにつくりましょう。

つくり方

トウモロコシ

1 新聞紙をシワシワにして丸めて実の部分をつくり、上から半紙を巻いて白くする。

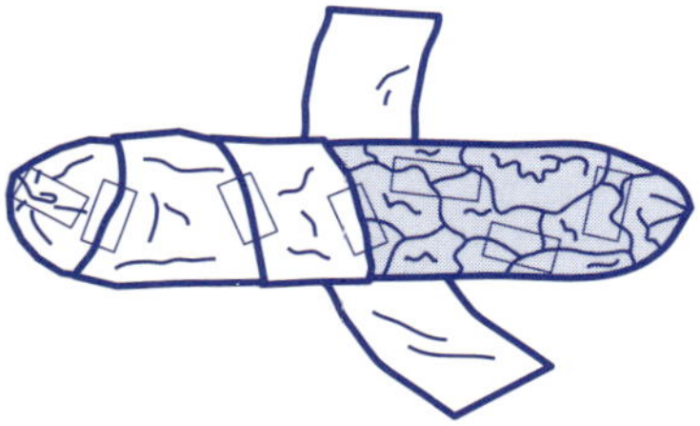

2 1に黄色のスズランテープを巻いて、セロハンテープでとめてずれないようにしたら、その上からプチプチシートを巻く。

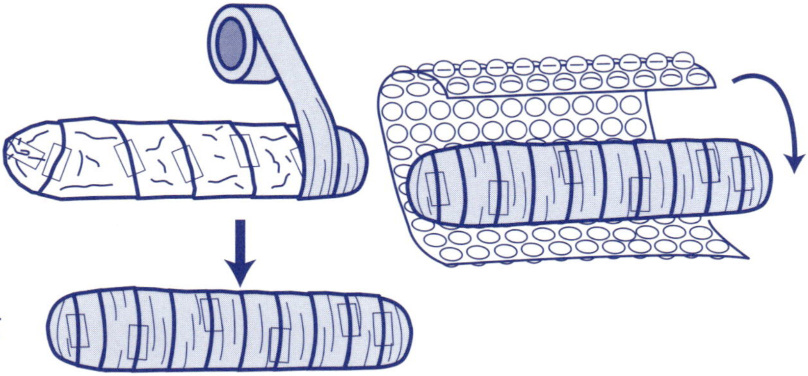

3 スズランテープを細くさいてひげをつくり、2にはる。

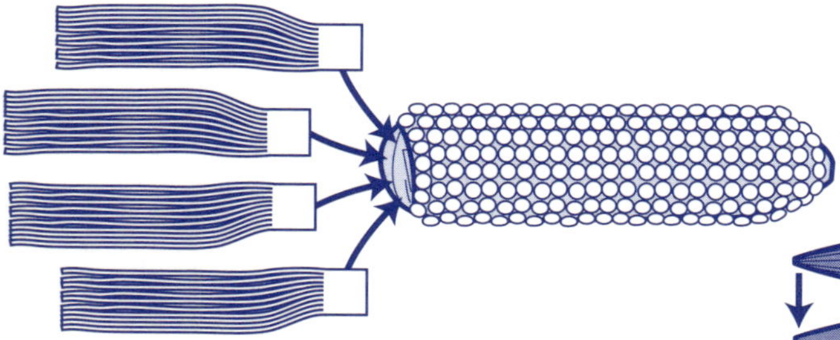

4 実をつつむ皮は、スズランテープを重ねてセロハンテープではっていき、まとめて軸《じく》にする。

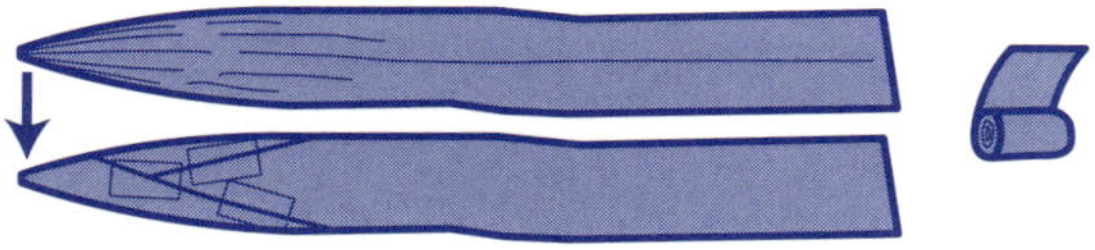

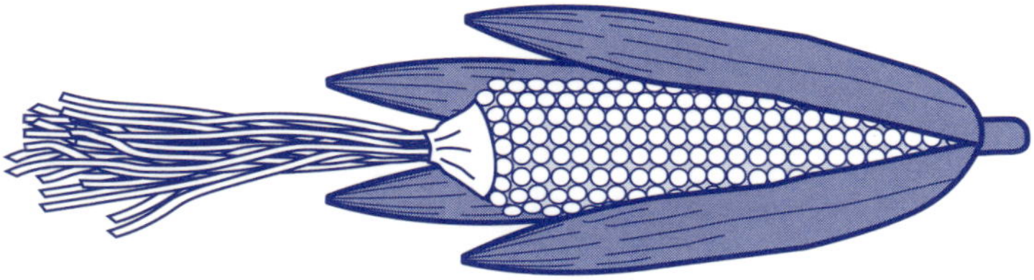

完成

エダマメ

1 マメのつぶは、新聞紙を丸めて上から半紙でつつむ。

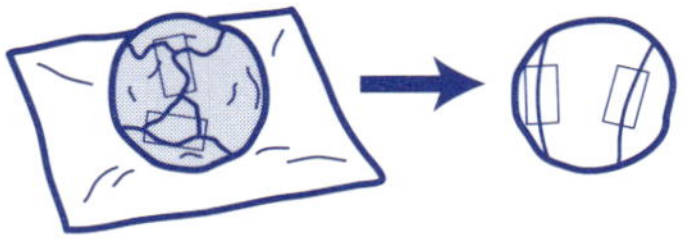

2 新聞紙でさやの形をつくり、上から半紙でつつむ。

3 2の上に1を並べてセロハンテープでとめ、上からスズランテープを巻いていく。

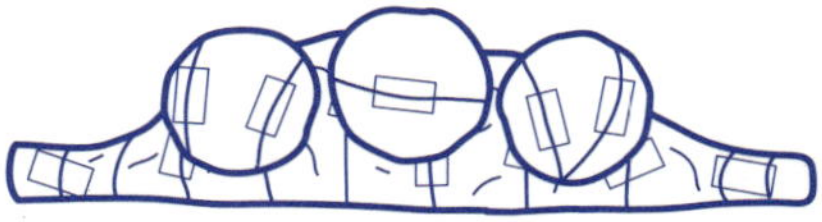

トマト・ナス・キュウリ

1 新聞紙でそれぞれの形をつくって半紙でつつみ、その上からそれぞれの色のスズランテープを巻く。

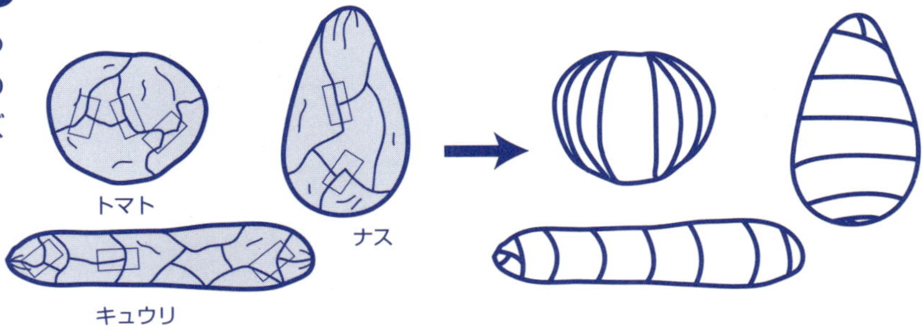

2 ヘタの部分はスズランテープをたたんで形をつくる。

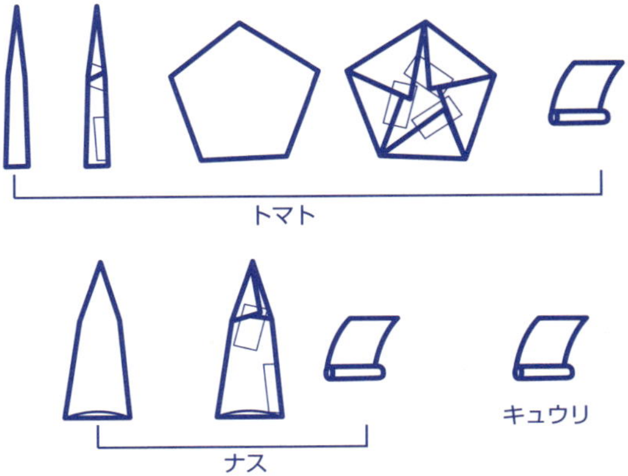

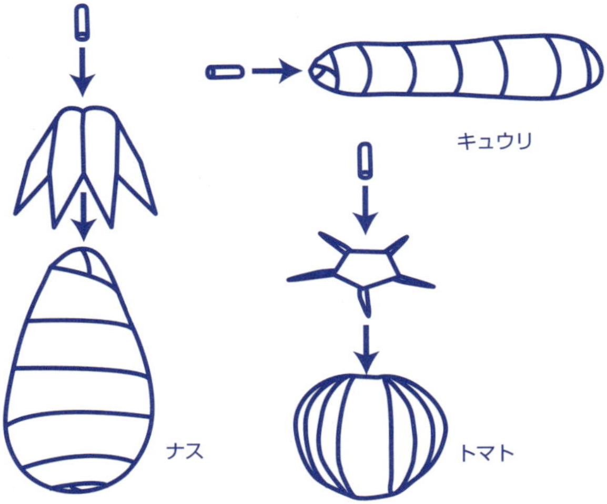

エアーホッケー

作品写真→ p34

●●●材料●●●

カラークラフトテープ
ダンボール
ペットボトル(350ml)
ポテトチップスや
ガムの容器のふた

つくり方

カラークラフトテープの表面のツルツルした特徴を利用しています。

1 ダンボールを 30cm × 50 ～ 60cm に切り、図のようにカラークラフトテープをはる。

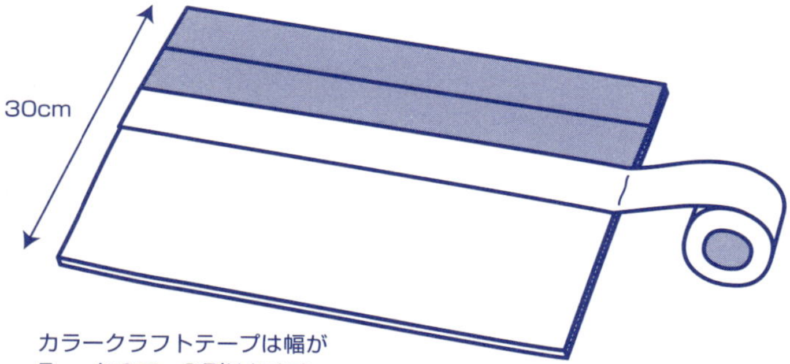

カラークラフトテープは幅が5cm なので、6 列はれます

2 幅 3 ～ 4cm のダンボールを細長く切り、1 の周りにはる。ゴールの部分は、10cm くらいあける。

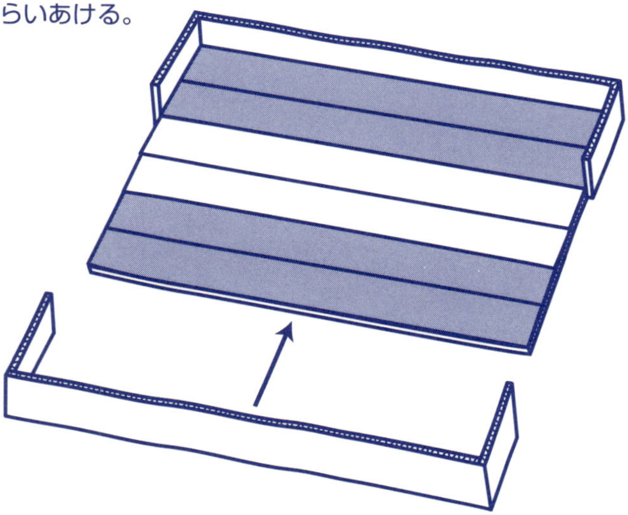

3 ふたとペットボトルを両面テープではり、スマッシャー（打つ道具）にする。

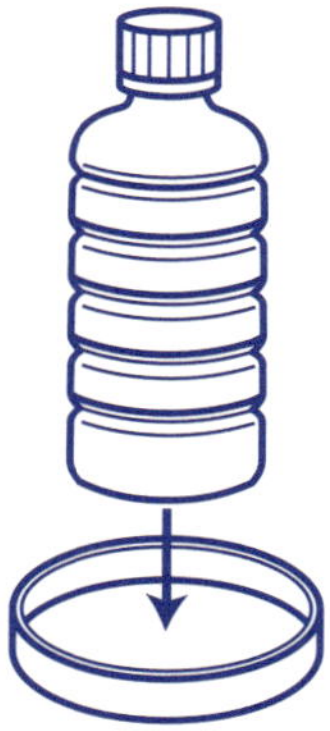

4 パック（円盤）は、ガムのふたなどを使う。

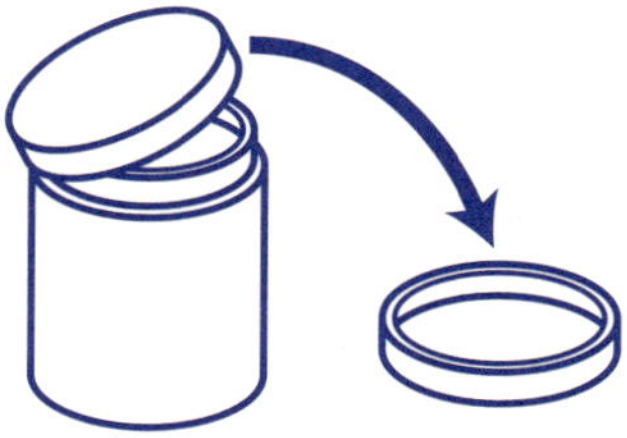

コマ

作品写真→ p34

コマの軸にテープを巻きつけていくので、
コマの中心軸がぶれません。

●●●材料●●●

紙テープ
ビニールテープ　紙バンド
布ガムテープ　つまようじ
竹ぐし

つくり方

紙テープのコマ

1 つまようじの先のほうに紙テープをはってから巻いていく。

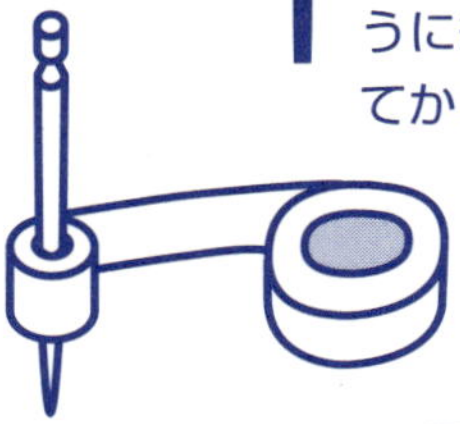

2 直径が 2.5 ～ 3cm くらいになると安定して回るようになる。とちゅうで紙テープの色を変えるとカラフルなコマになる。

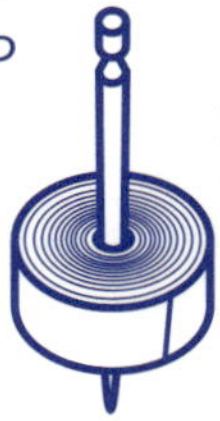

3 ボンドを水でといて、2 の紙テープの全体にぬる。

ビニールテープコマ

1 つまようじの先のほうにビニールテープを巻いていく。紙テープより重いので、直径 1.5 ～ 2cm くらいで安定して回るようになる。

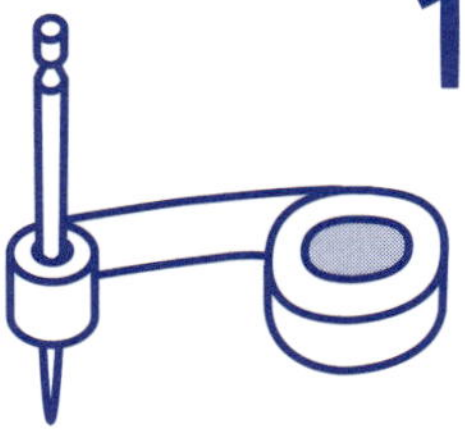

2 巻き終わったら、上面か下面のどちらかに接着剤をぬって、巻いたテープがのびてこないようにする。

ガムテープ＋紙バンドコマ

1 竹ぐしの先のほうに布ガムテープを巻いて、直径 2 ～ 3cm くらいにする。

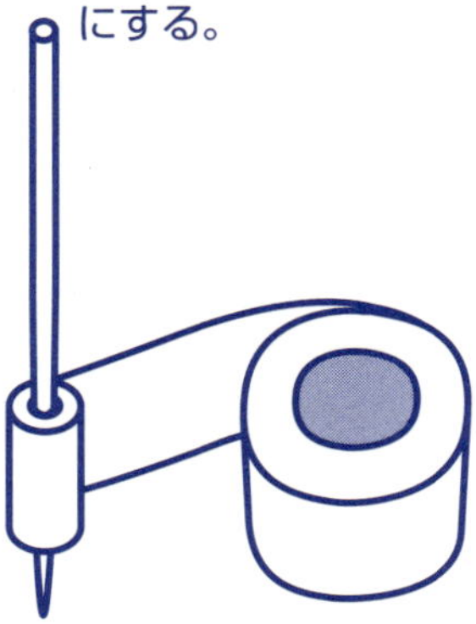

2 紙バンドの先に 10cm くらい両面テープをはり、1 のガムテープの下のほうから巻き始める。

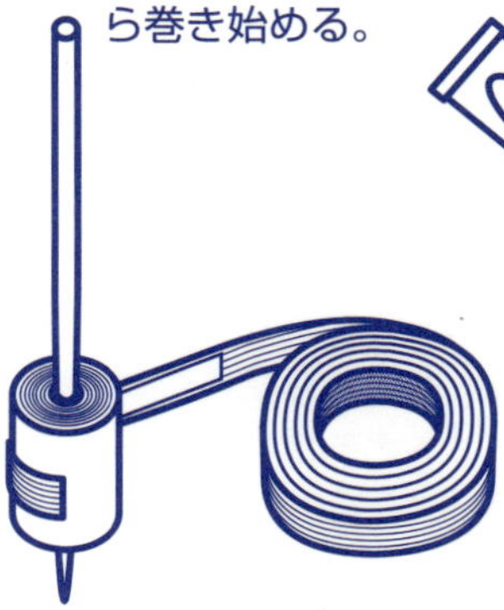

3 全体が 8cm くらいになるまで、ボンドをぬりながら巻いていく。

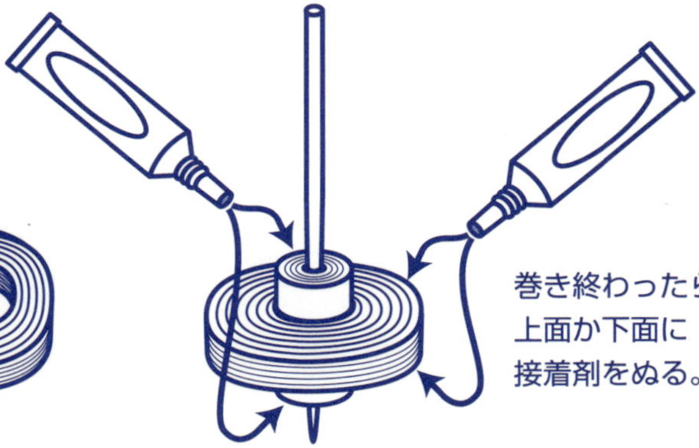

巻き終わったら、上面か下面に接着剤をぬる。

くっつきゲーム板

●●●材料●●●

布ガムテープ
マスキングテープ
ビニールテープ
両面テープ
セロハンテープ
ペットボトルのふた
厚紙　丸シール（２色）

つくり方

布ガムテープの表面と、マスキングテープのゆるい粘着力を生かして、コマがかんたんにずれないゲーム板。ちょっと休けいするときや、振動のある乗り物の中で遊べます。

作品写真→ p34

1 厚紙を 25 × 25cm の大きさに切り、布ガムテープを全面にはる。

2 1 に細いテープや油性マーカーで、たて・横 5 個ずつのます目をかく。

3 ペットボトルのふた 2 個の内側どうしを合わせて、セロハンテープでとめる。

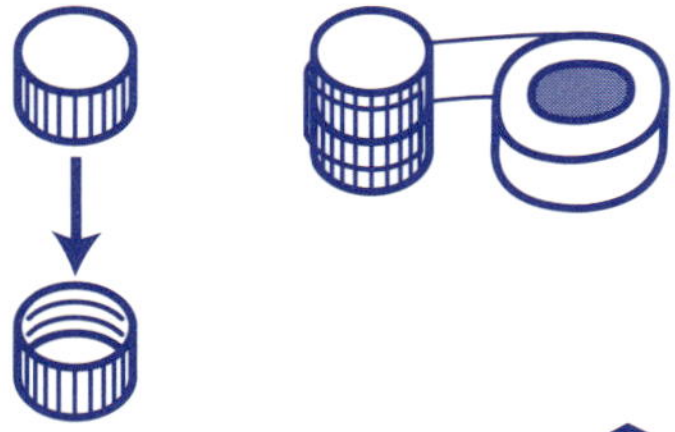

4 3 の片側の面に両面テープをはり、5cm 幅のマスキングテープを正方形に切って、表面をはる。

※ 5cm 幅のマスキングテープがなければ、5cm くらいになるように 2 列にして使う。

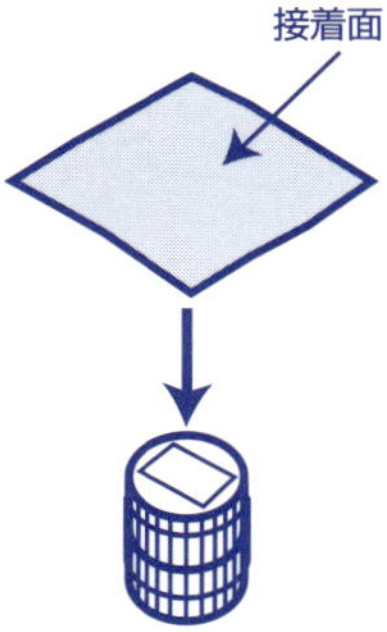

5 4 のマスキングテープに細かくひだをとりながらまとめていく。

6 5 のひだをおさえるようにビニールテープを巻き、一方の面に丸シールをはる。

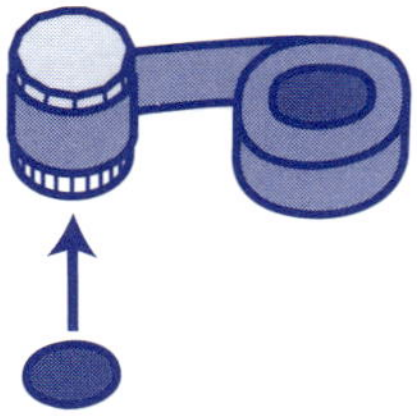

ダーツ

作品写真→ p34

●●●材料●●●

粘着つきマジックテープ
布ガムテープ
セロハンテープ
紙テープ（ティッシュでもよい） ダンボール
ストロー　ひも

つくり方

つけたりはがしたりできるマジックテープの特徴を生かしてつくります。

1 ダンボールを四角に切って、コンパスで同心円を３個かく。

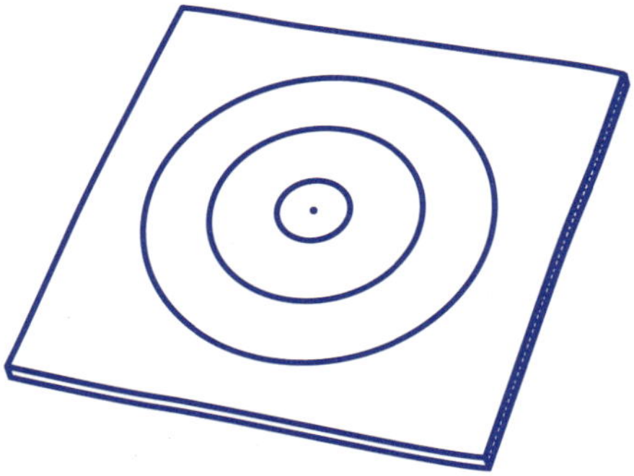

2 １の円を８等分になるように、放射状に線をかく。

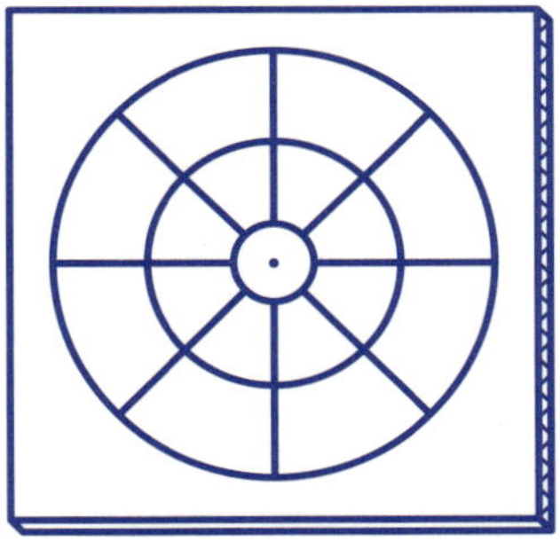

3 ２の線で囲まれた的に、カラー布ガムテープ（色画用紙でもよい）をはって色別にし、それぞれのわくにマジックテープの固いほうをはる。

4 紙テープ（ティッシュ）を丸めて、セロハンテープでとめる。

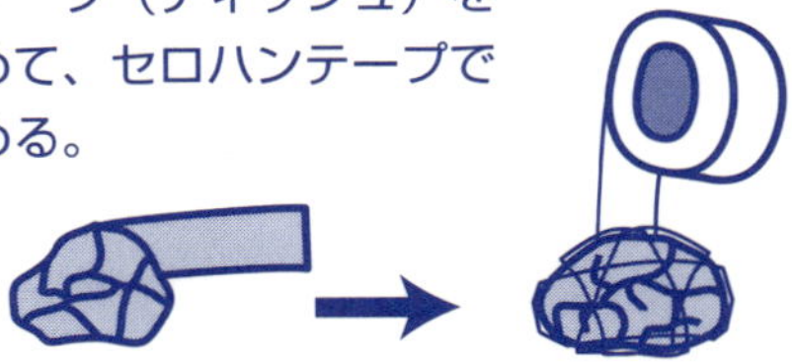

5 ストローの先を４つに切り開いて、４をセロハンテープではる。

6 ５の玉の面にマジックテープのやわらかいほうをはる。

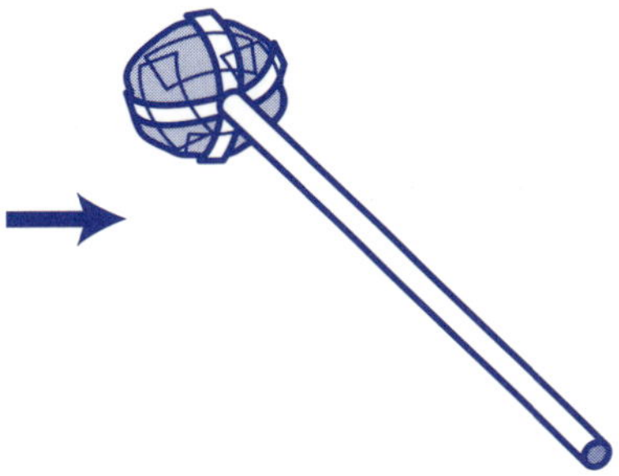

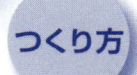

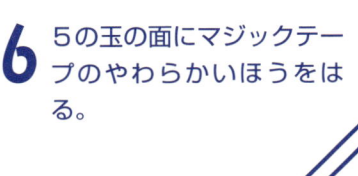

ねちねち魚つり

つくり方

布ガムテープの強い粘着力と、ぴったり
くっつきやすいツルツルのファイルケースで魚つり。

●●●材料●●●

布ガムテープ
ビニールテープ
ペットボトル（300ml
くらい・小）
輪ゴム（8本くらい）
わりばし　たこ糸　水
ファイルケース

作品写真→ p34

1 ペットボトルの底に布ガムテープを粘着面を外側にしてのせ、ビニールテープでとめる。

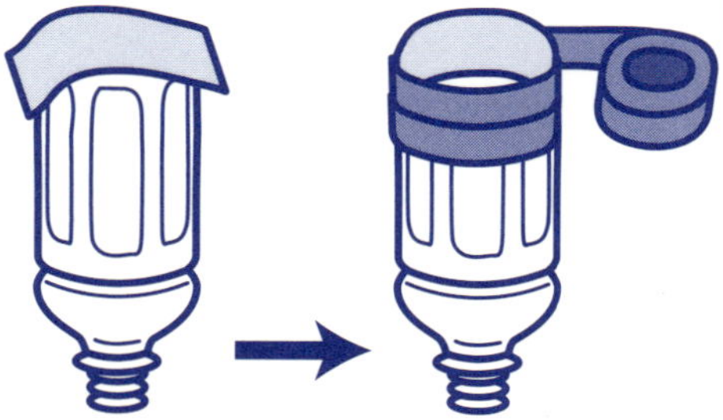

2 1に水を入れてふたをする。たこ糸を図のように巻いて、つるせるようにする。

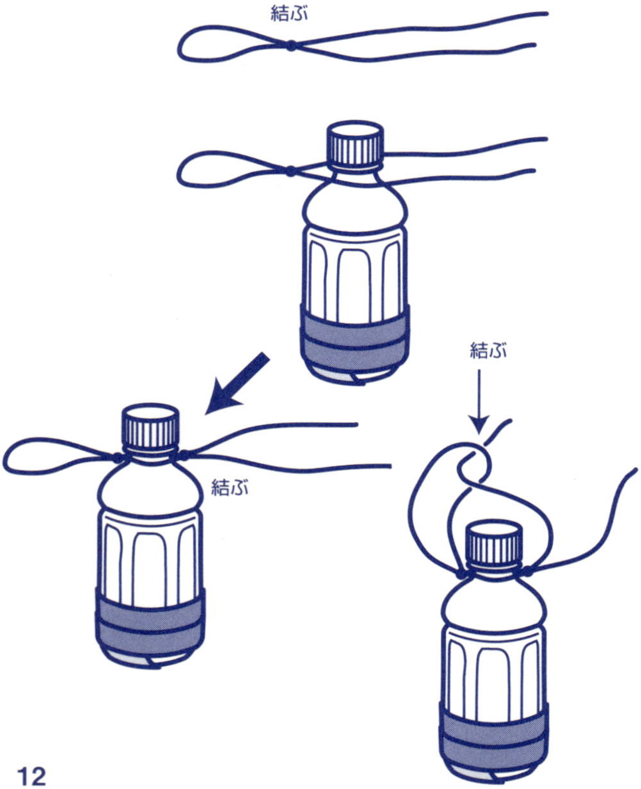

3 輪ゴムを2本ずつつないで、2のたこ糸につなげる。

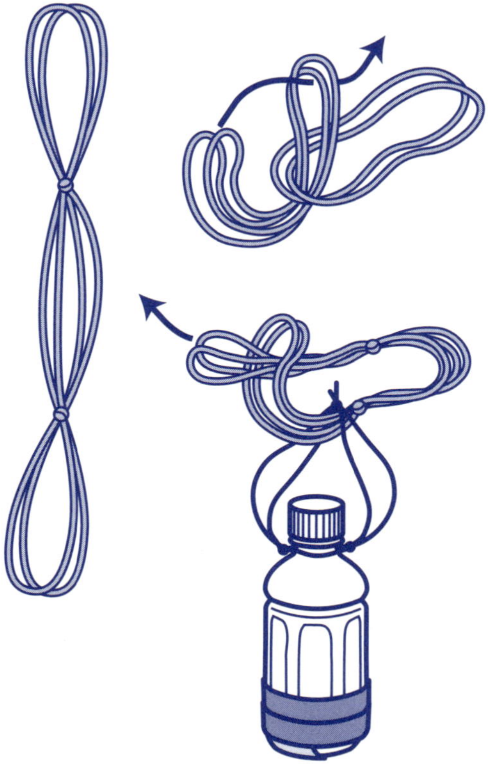

4 ビニールテープを巻いて先を太くしたわりばしの先に、3の輪ゴムを通す。

5 ファイルケースに魚の絵をかいて切りぬく。

パンチングボール

●●●材料●●●

ビニールテープ
セロハンテープ
ポリ袋　輪ゴム

つくり方

ビニールテープの弾力と重さで
ポリ袋のボールにはずみをつけます。

作品写真→ p34

1 ポリ袋に空気を入れて、口をしっかり結ぶ。

2 1のポリ袋の底の面を折り上げて、セロハンテープでとめる。

3 2の結び目のあまりを切り落とし、ビニールテープを巻いていく。

4 3周くらい、ビニールテープを巻く。

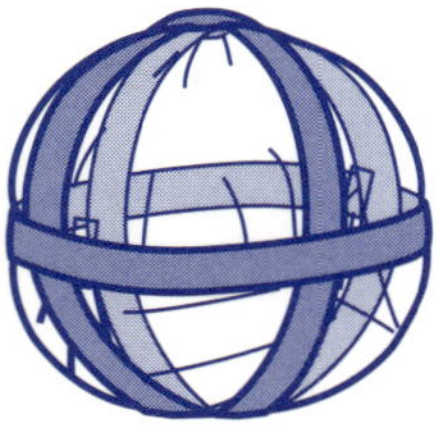

5 輪ゴムをつないで、4の上と下にビニールテープではる。

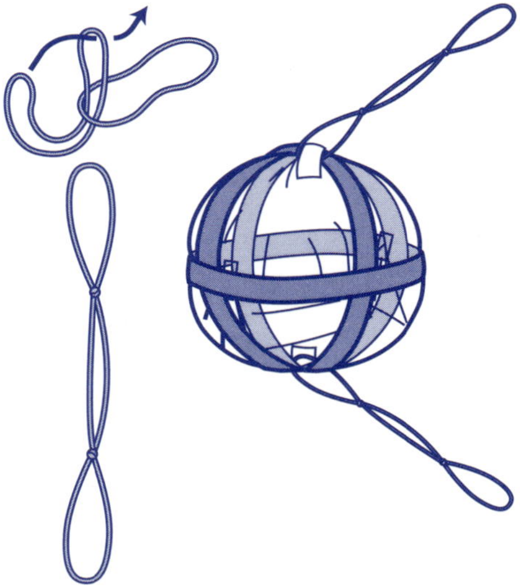

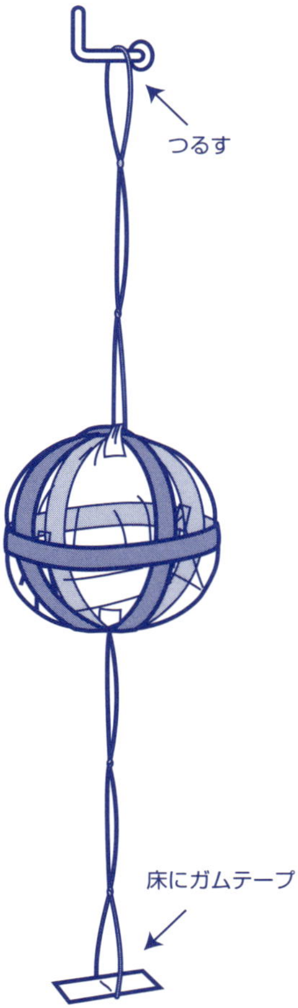

まっすぐロケット

●●●材料●●●

ビニールテープ
ペンシルバルーン
色画用紙

作品写真→ p34

つくり方

ビニールテープの弾力と重さで、曲がりやすいペンシルバルーンをまっすぐにします。
ビニールテープは重りにも使います。

1 ペンシルバルーンを半分くらいのところで結ぶ（ふくらませると 1m くらいの長さになる）。

2 1 をふくらませて口を結び、結び目から先を切り落とす。

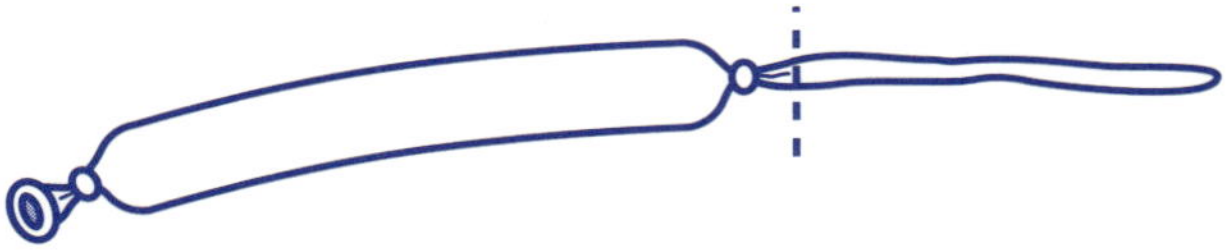

3 2 にビニールテープを巻いてはったり、両側にはったりして形をまっすぐに整える。

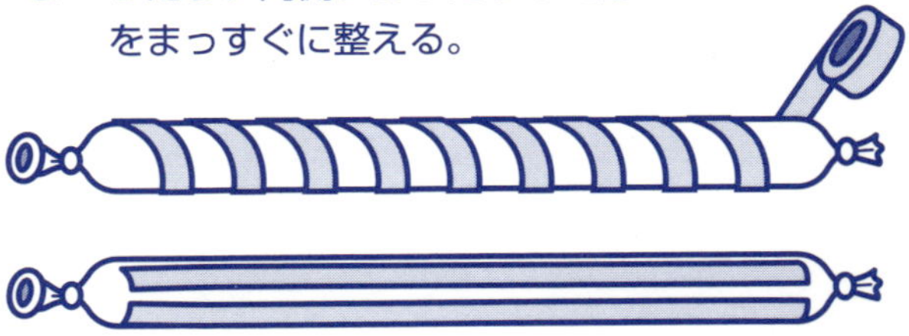

4 3 の前のほうにビニールテープを 3 ～ 4 周くらい巻いて、重りにする。

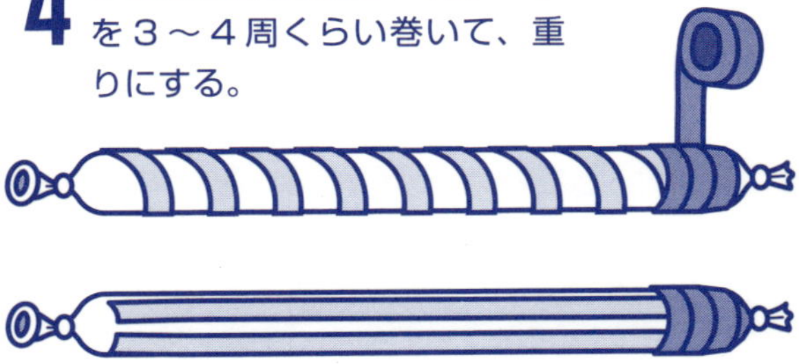

5 紙を 7cm × 5cm くらいに 2 枚切り、図のように同じかたむけ方でセロハンテープではる。

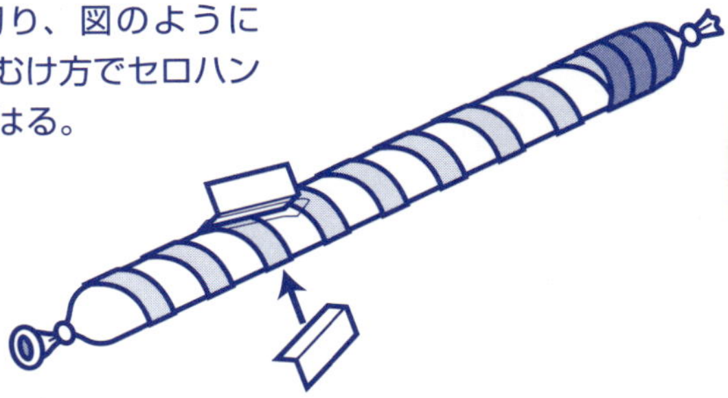

飛ばし方 結び目に指を差しこんで飛ばす。

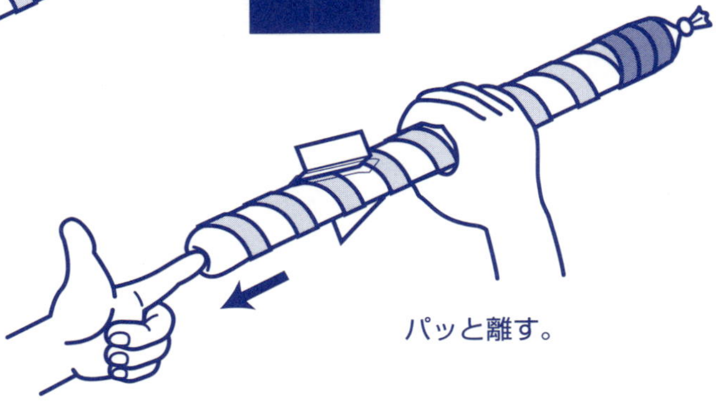

食いつきヘビ君

●●●材料●●●

紙テープ　紙バンド
紙しん

つくり方

斜めにテープを織ると、のびちぢみします。
つつ状なので、ひっぱるとのびて細くなるため、
ぬけなくなります。

作品写真→ p34

1 1mくらいに切った紙テープを４本、それぞれまん中で60°の角度になるように折り曲げる。

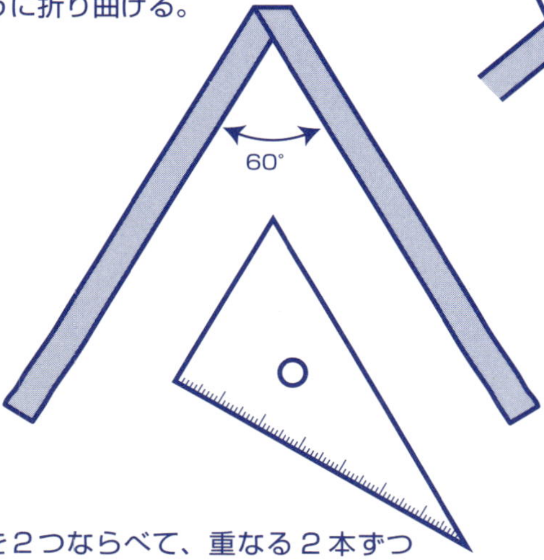
60°

2 １の２本ずつをはさみこませて、図のようにする。

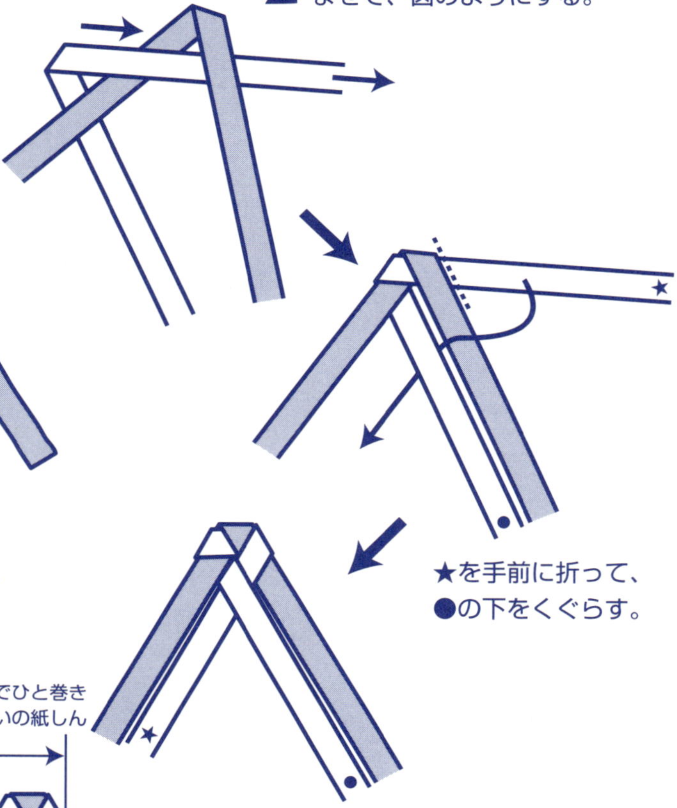
★
●
★を手前に折って、
●の下をくぐらす。
★
●

3 ２を２つならべて、重なる２本ずつを上下が交互になるように織りこむ。

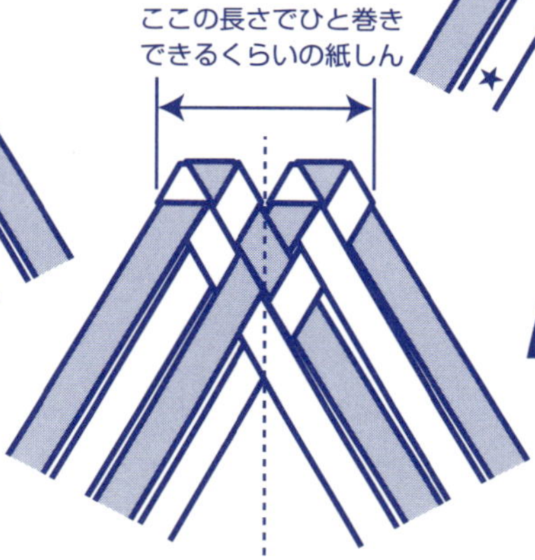
ここの長さでひと巻き
できるくらいの紙しん

4 ３をきっちりすき間なく織りこんだら、半分に折る。ひと巻きできるくらいの太さに紙を丸めてしんにすると、織りやすくなる。

5 紙のしんに巻くように、4本ずつを上下交互になるように織りこむ。

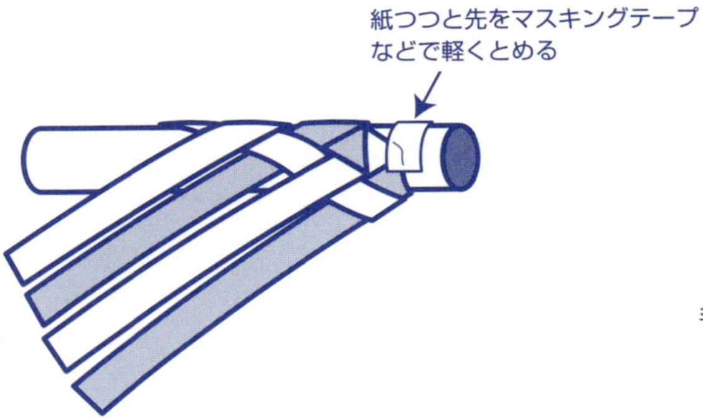
紙つつと先をマスキングテープ
などで軽くとめる

6 反対側の1のテープを、手前のテープに上下交互になるようにくぐらせて反対側にたらす。

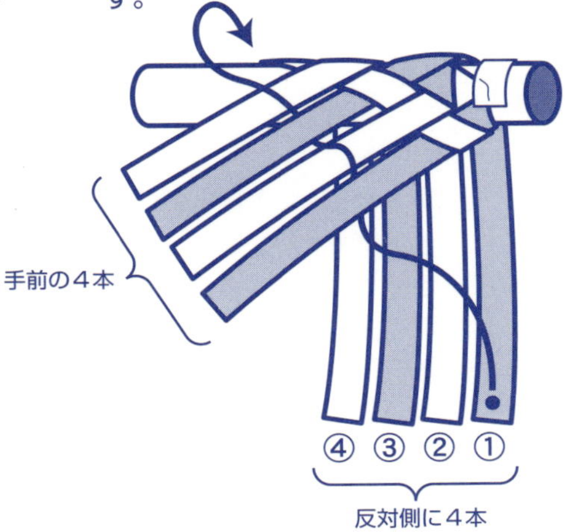
手前の4本
④ ③ ② ①
反対側に4本

7 手前の4本をたばねておさえながら、反対側の②、③、④、①の順で交互に織りこんでつつになるようにする。

手前の4本
④ ③ ②

8 適当な長さになったら、4本ずつをまとめてしっぽのようにする。

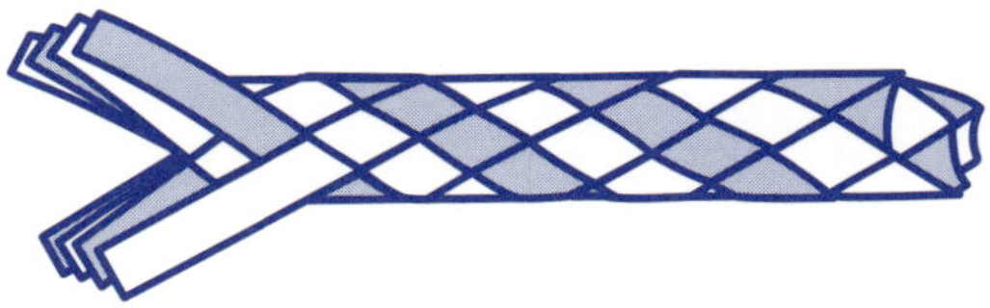

!!
ぬけない……
パクンッ

クルクル花吹雪

つくり方

アルミの幅のせまいキラキラテープや
カーリングテープは、はりがあるので8の字形が
つくりやすく、細かく回転するさまが軽やかです。

●●●材料●●●

幅のせまいキラキラテープ
カーリングテープ
セロハンテープ
牛乳パック
古乾電池（単三２本）

作品写真→ p35

1 1cm 幅ぐらいのキラキラテープやカーリングテープを15cm ぐらいの長さに切り、8の字になるように図のように中央をセロハンテープでとめる。

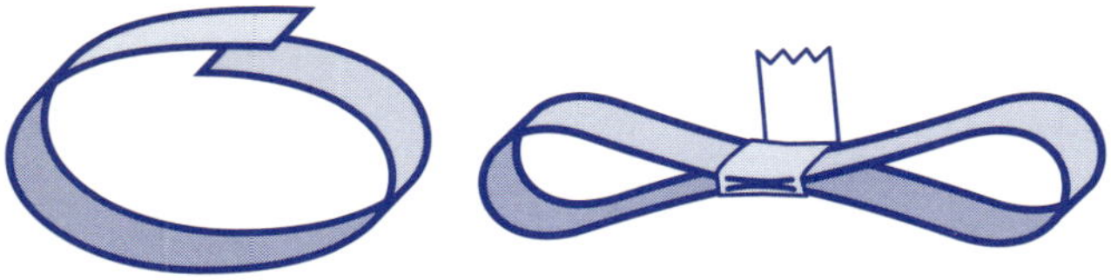

2 牛乳パックの注ぎ口をあけて、平らにはり合わせる。

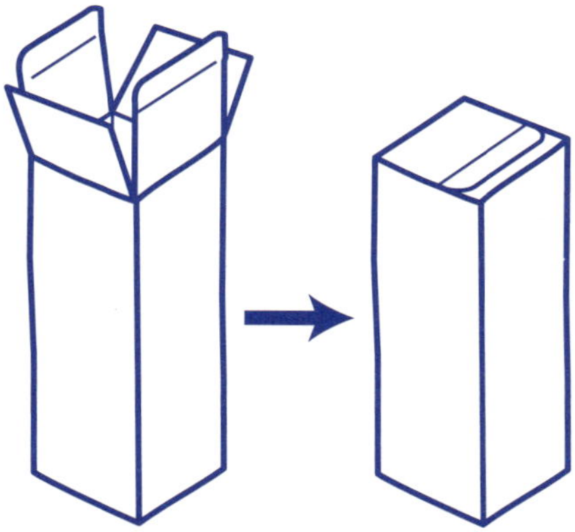

3 ２に図のような切りこみを入れ、開閉できるようにする。

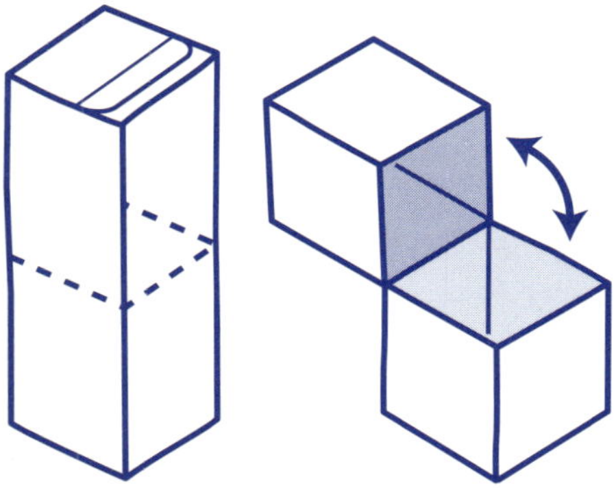

4 切りこみのない面に穴をあけてつるすひも（カーリングテープ）を通して内側からとめる。

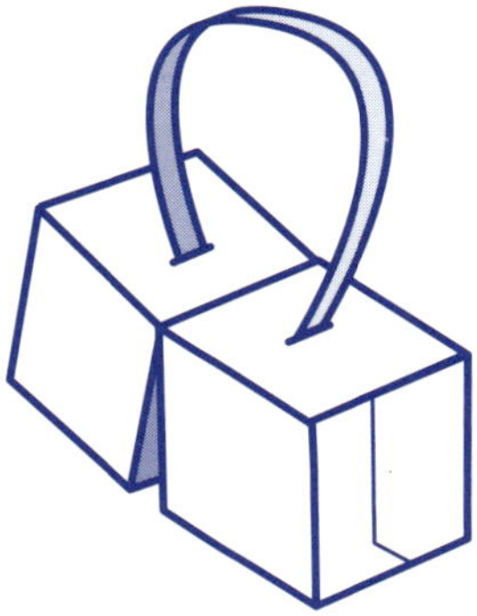

5 曲がる部分のすぐ近くに穴をあけ、ひっぱるひもを通し、外側からとめる。

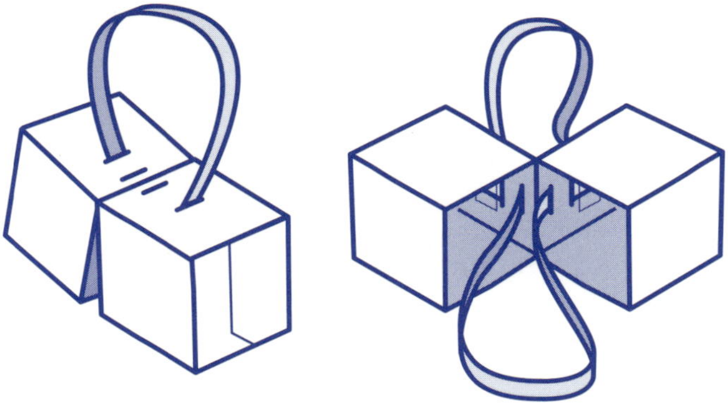

6 5の両はしに単三の乾電池を重りにつける。

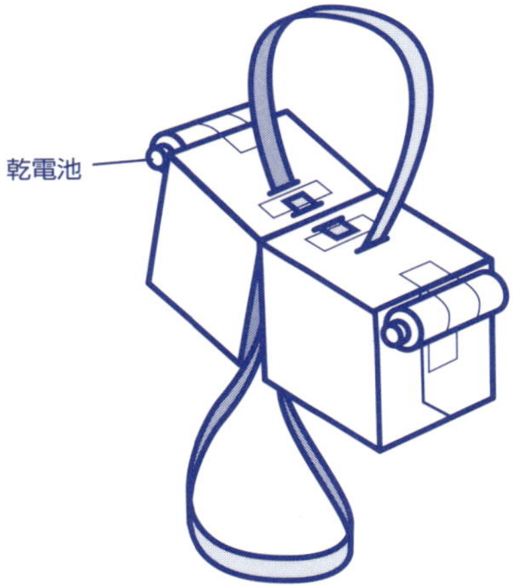

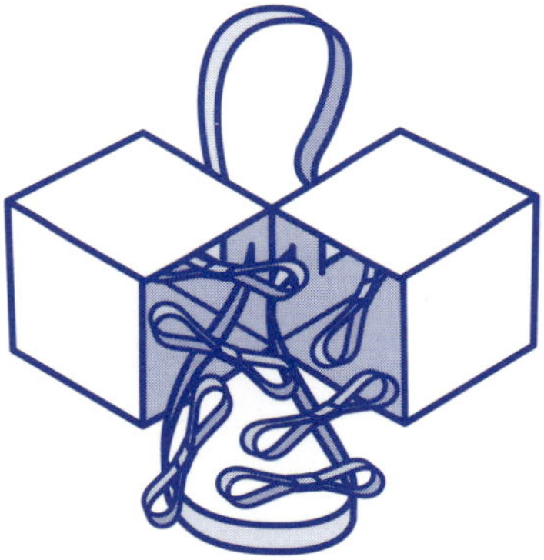

中にかざりを入れる。

たいこ

作品写真→ p35

●●●材料●●●

布ガムテープ
ポリバケツ
植木のプラスチックの鉢など

つくり方

布ガムテープの接着力の強さでしっかりはれます。布が入っていてのびないため、たいこのまくがゆるみません。

1 ポリバケツのヘリにガムテープをはり、力強くひっぱって反対側のヘリにはりつける。

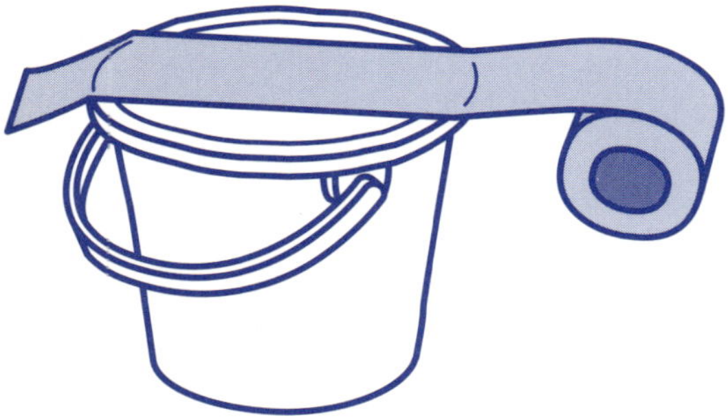

2 同じようにはり重ねていく。

3 すき間なくはったら、バケツの周りをかざる。

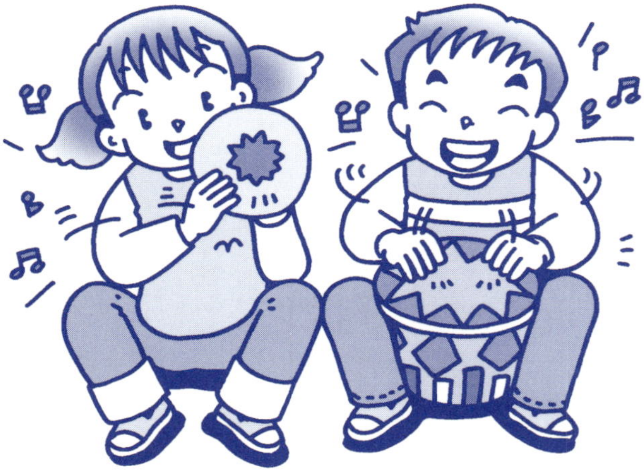

カーリングつけ毛

●●●材料●●●

カーリングテープ
カチューシャ　リボン

作品写真→ p35

つくり方

ラッピング用のカーリングテープは、はさみのヘリなど固いものでしごくとクルクルになります。長いものをカールすると、きれいなたてロールもつくれます。

1 カーリングテープを 20cm ぐらいの長さで５本切り、１本を細くさいて４本をまん中で結ぶ。

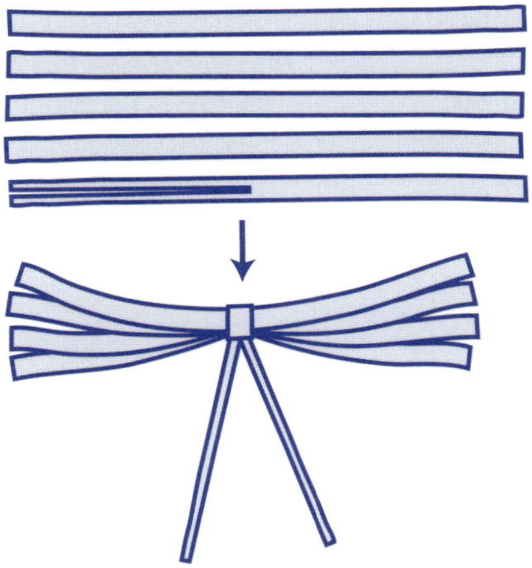

2 １のテープをはさみのヘリでしごいてカールさせる。

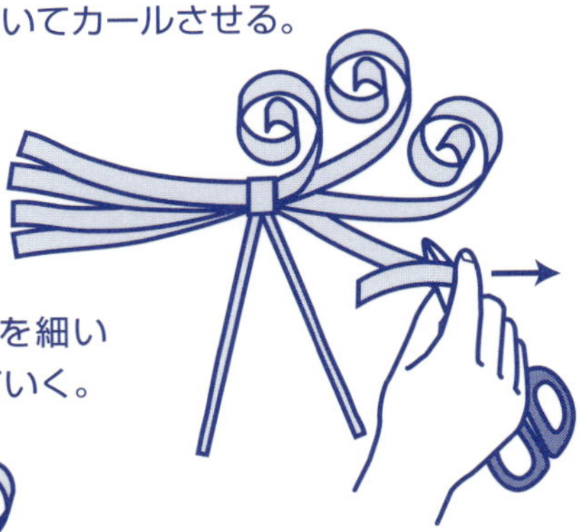

3 カチューシャに２を細いテープで結びつけていく。

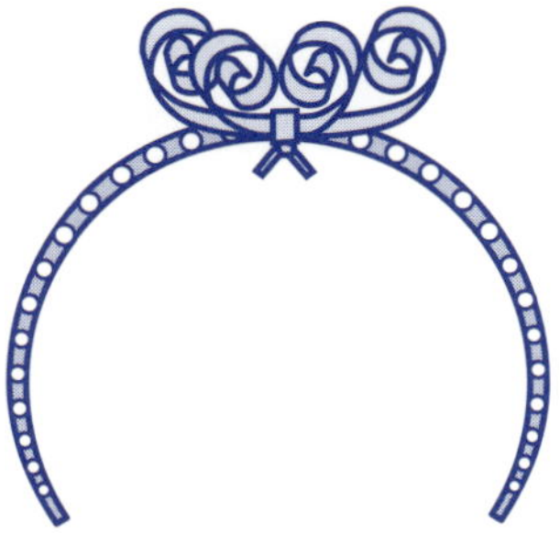

4 長めのテープを同じように４本まとめて、たてロールのカールにし、カチューシャの両はしにつける。

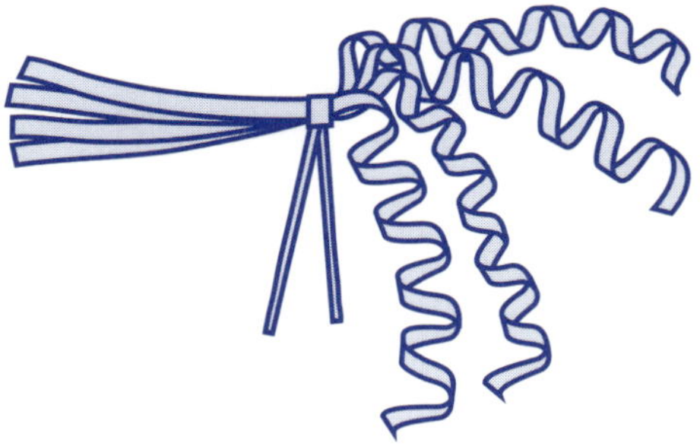

5 カチューシャがかくれるくらいつけたら、ポイントにリボンを結ぶ。

風車

作品写真→ p35

●●●材料●●●

PP テープ
ビニールテープ
ストロー（竹ぐしでもよい）
ホチキス
ペットボトル(350ml くらい)

つくり方

荷造り用の PP テープは、防水性もあり、
はりがあるので風車の羽根に生かしました。

1 荷造り用の PP テープを用意し、長さ 20cm を４本、8cm を８本切る。

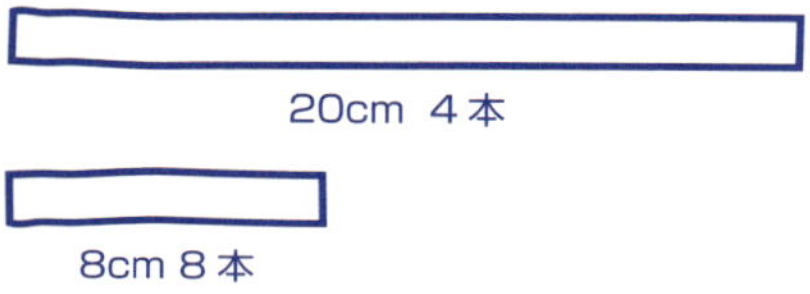
20cm ４本
8cm ８本

2 20cm のものを２本ずつに分け、図のように中央にストローをはさみ、ストローの近くをホチキスでとめる。

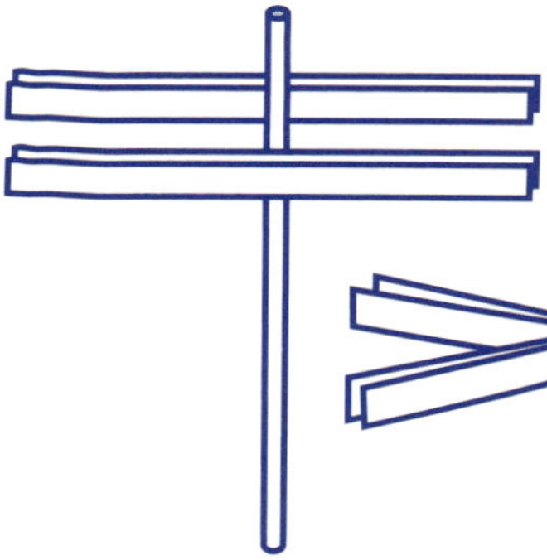

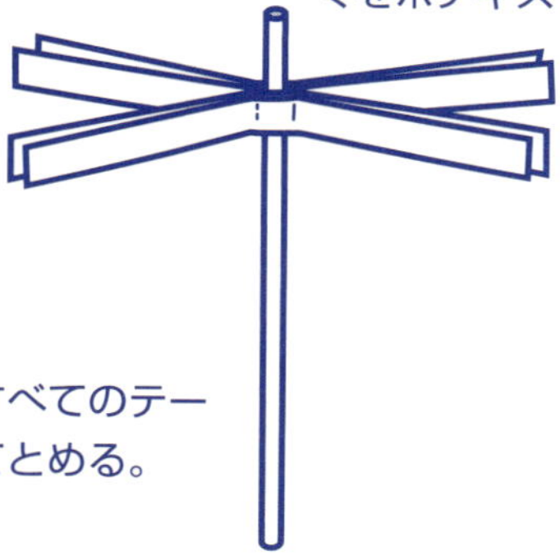

3 ２の１枚ずつを同じ向きにねじる。面を上に向け、8cm のテープで先をとめる。

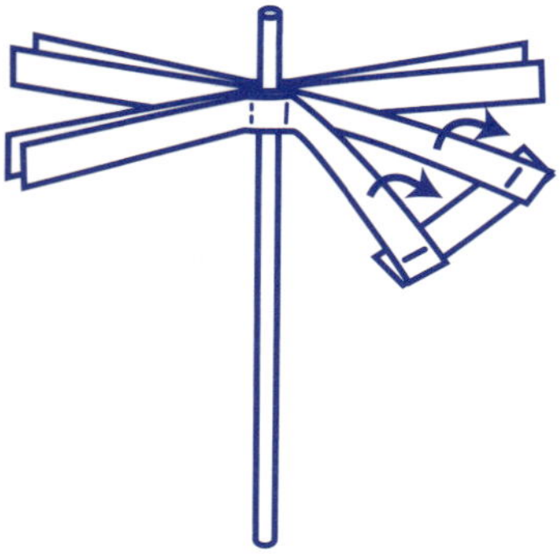

4 同じように、すべてのテープを上に向けてとめる。

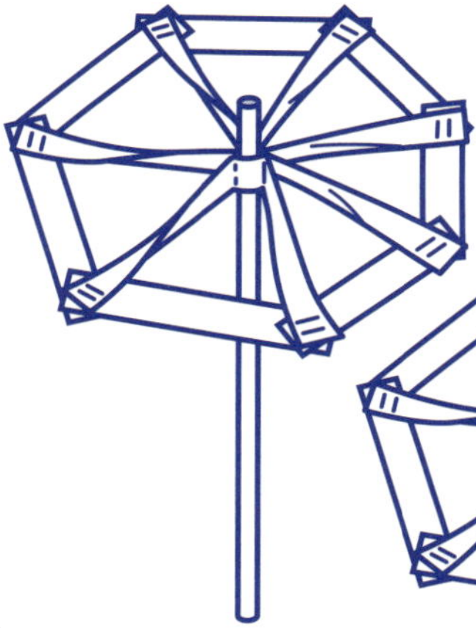

5 ペットボトルのふたを半分に切って、中心にストローがゆるめに入る穴を切って開ける。

6 ペットボトルに５をはめて、ビニールテープでとめる。

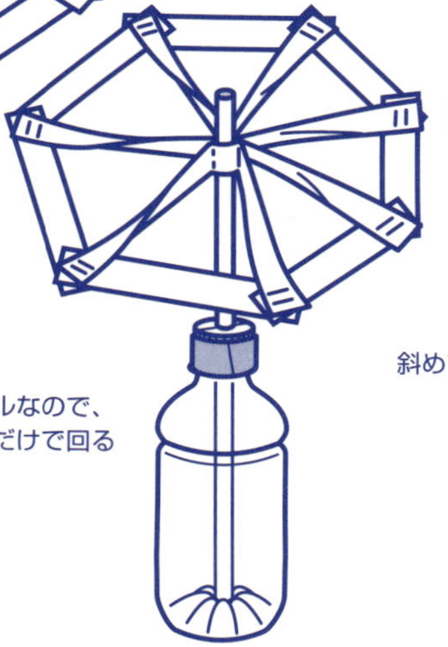
底がツルツルなので、
差しこんだだけで回る

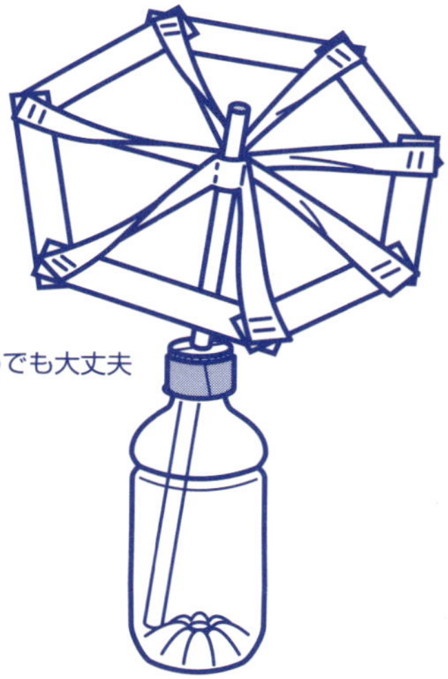
斜めでも大丈夫

ゆかいな顔

作品写真→ p35

●●●材料●●●

紙テープ　色画用紙
マーカー

つくり方

紙テープが長いこと、どんなペンでもかきやすいことを利用しました。

1 顔の形に色画用紙を切りぬき、目、まゆ、口の部分に、紙テープが通る幅で図のように切りこみを入れる。

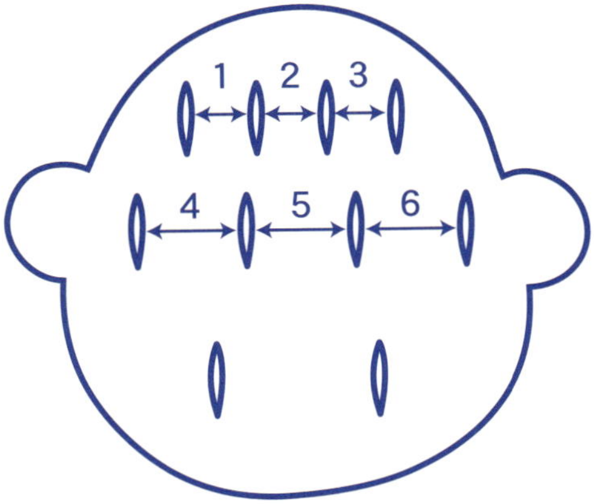

- まゆの部分…1、2、3 は同じ幅
- 目の部分…4、5、6 は同じ幅
- 口…好きな幅

2 1 にそれぞれ紙テープを通し、動かしながら、まゆ、目、口を変化をつけながらかいていく。

3 紙テープで髪の毛をはったり、鼻などをかく。

ビヨヨンタコ

作品写真→ p35

●●●材料●●●

紙テープ　両面テープ
小さいペットボトル
赤インク　たこ糸
輪ゴム　丸シール

つくり方

紙テープで折ってつくる紙バネは、びっくり箱などのバネに使うには弾力が弱いのですが、のびちぢみする動きは楽しいものです。

1 紙テープを仕上がりの紙バネの長さの３～４倍の長さに２本切る。

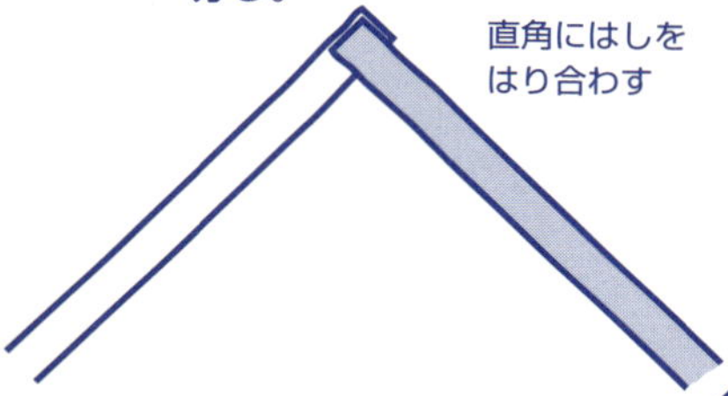

2 下のテープを折り上げ、もう一方のテープをその上に折り上げる。これをくり返して紙バネを８本つくる。

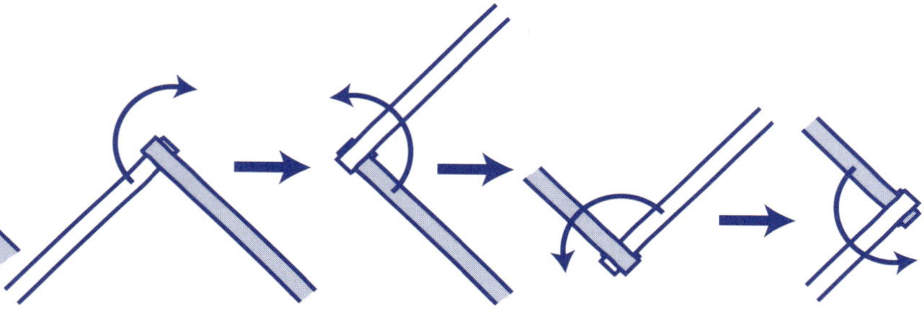

3 ペットボトルに水を入れて赤インクで色をつけ、しっかりとふたをする。

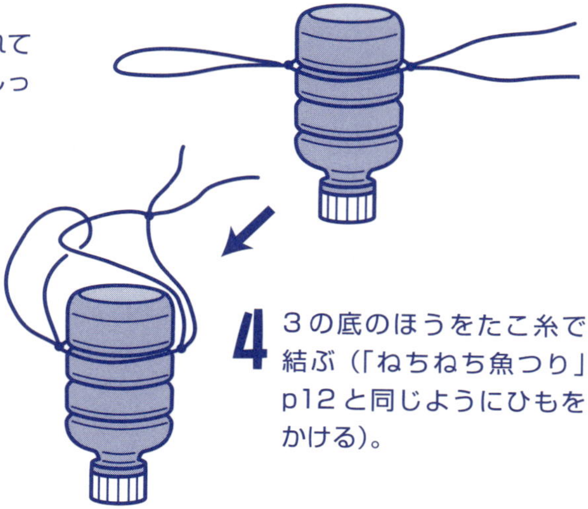

4 ３の底のほうをたこ糸で結ぶ（「ねちねち魚つり」p12と同じようにひもをかける）。

5 輪ゴムを２本ずつ４本つないで、４のたこ糸につなぐ（「ねちねち魚つり」p13と同じ）。

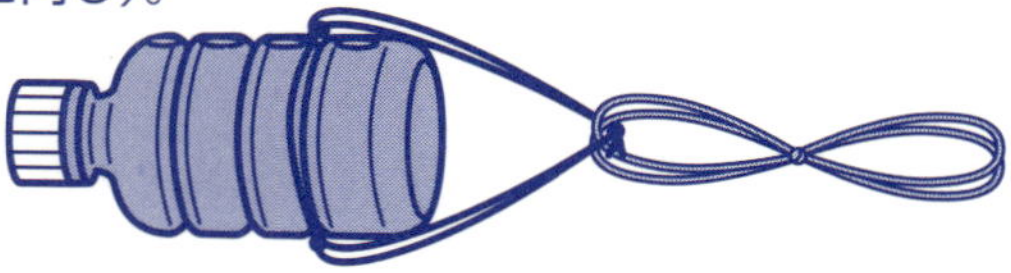

6 ５のペットボトルにタコの目、口を丸シールではり、２の紙バネの足を８本、両面テープではる。

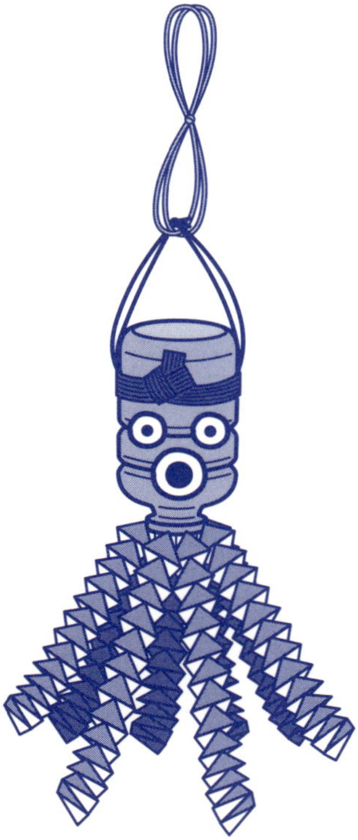

なかよしイモムシ

●●●材料●●●

紙テープ　発泡球２個
小さいフェライト磁石２個
大きいフェライト磁石１個
厚紙　わりばし
両面テープ

作品写真→ p35

つくり方

紙テープでつくった紙バネは、ねじれながらのびちぢみするので、磁石で動かすと、まるで生きているような思いがけない動きをします。

1 紙バネ（長さ 10 ～ 15cm くらい）を２本つくる（「ビヨヨンタコ」p24 と同じ）。

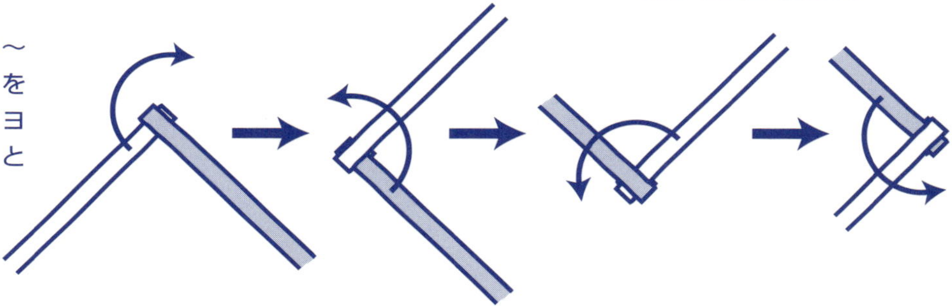

2 発泡球に穴をほじって、小さなフェライト磁石を両面テープではる。

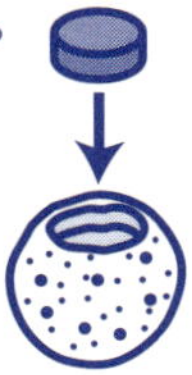

3 １の紙バネの先に２を両面テープではる。

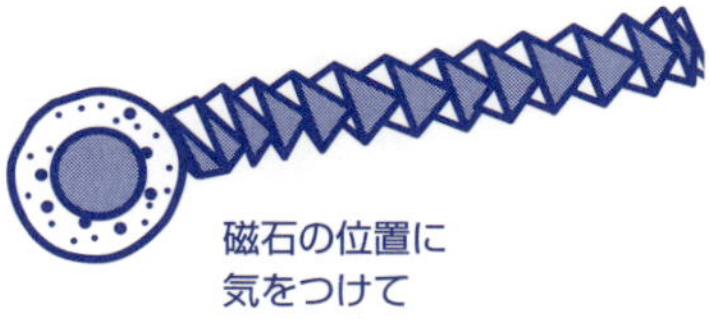

4 磁石と反対側が頭の上になるように、目、鼻、口などをかく。

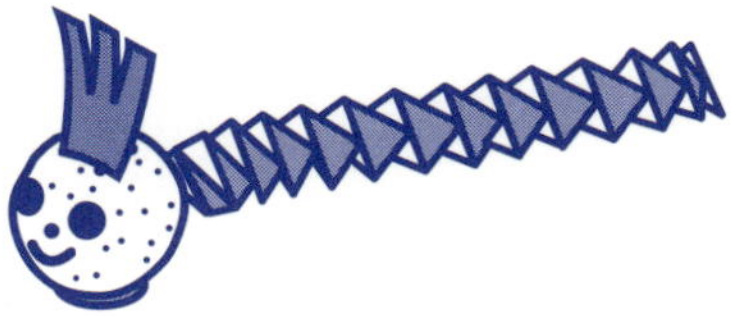

5 厚紙を葉っぱの形に切り、４の紙バネのはしを両面テープではる。

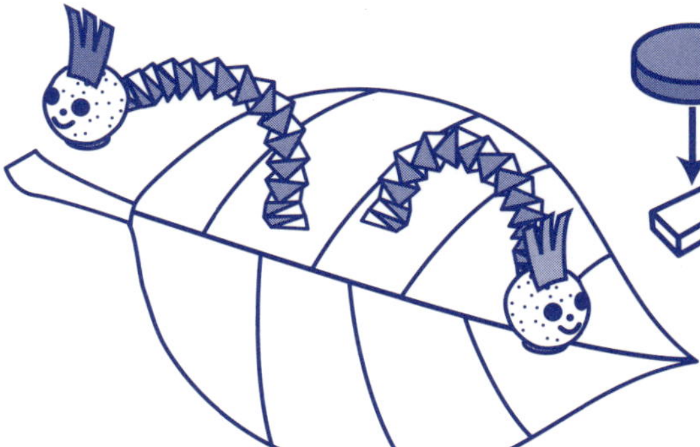

6 わりばしの先に大きいフェライト磁石を両面テープではる。

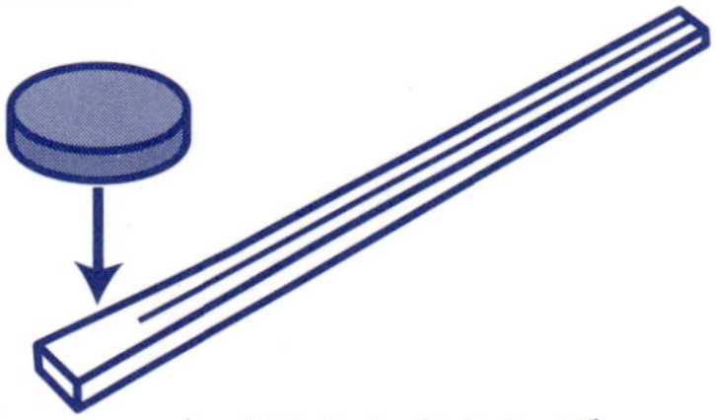

★イモムシとわりばしの磁石はくっつき合うようにする。

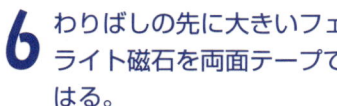

ボール

作品写真→p35

●●●材料●●●

紙バンド　PPテープ
ボンド　ホチキス

つくり方

紙バンドや荷造り用のPPテープは、はりがあるので
丸い形をつくるのに適しています。

直径25cmくらいの紙バンドのボール

1 紙バンドを45cmくらいの長さに8本切る。

2 2本ずつを十字に交差させ、ホチキスでとめる。
4個つくる。

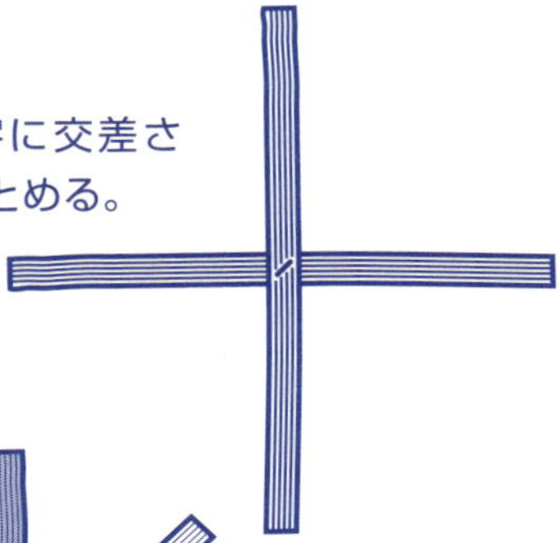

3 2を図のように、2つずつ交差している部分で重ねてボンドではり合わせる。
2個つくる。

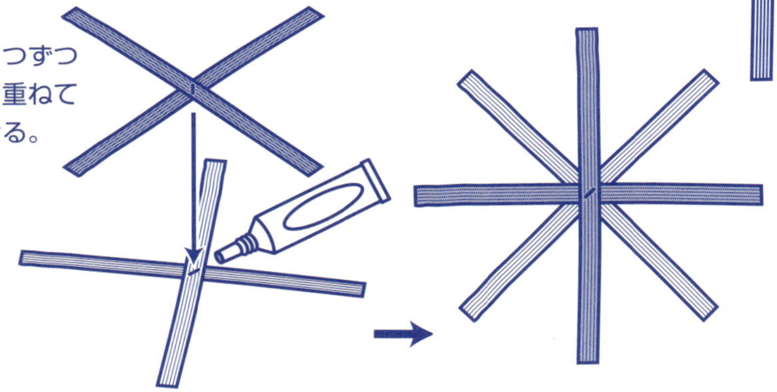

4 3を向かい合わせて、はしどうしを重ねてホチキスで2カ所とめる。

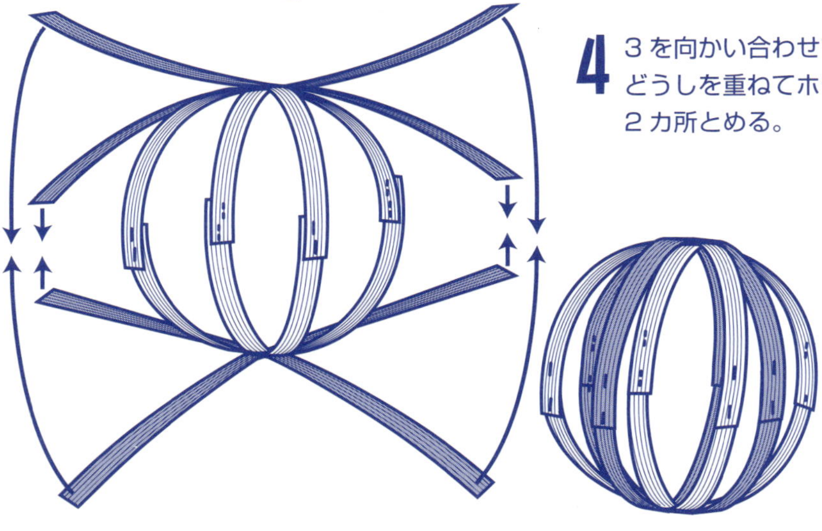

5 ４の横に新しい紙バンドを通していく。はしは、重ねて２カ所ホチキスでとめる。

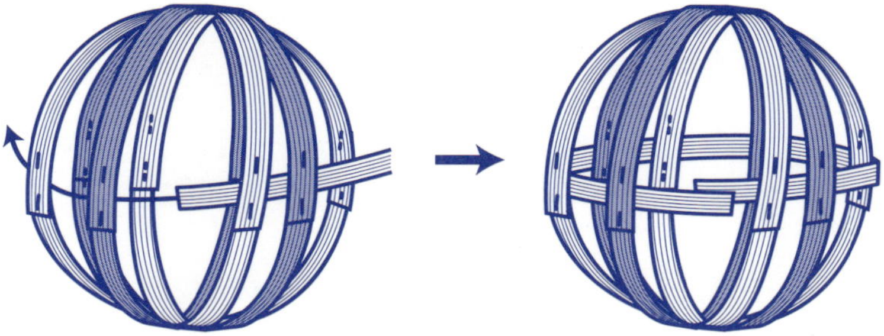

6 ５のたてと横が交わったところに紙バンドを斜めに通して１周する。交わったところはホチキスでとめる。

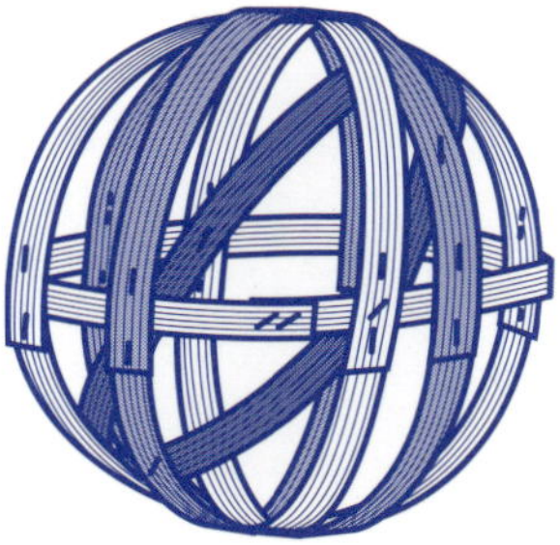

7 何本か斜めに通して、しっかりしたボールにする。

直径 13cm くらいの PP テープのボール

1 PP テープを 45cm くらいに４本切る。２本ずつを十字に合わせて、ホチキスでとめる。
２個つくる。

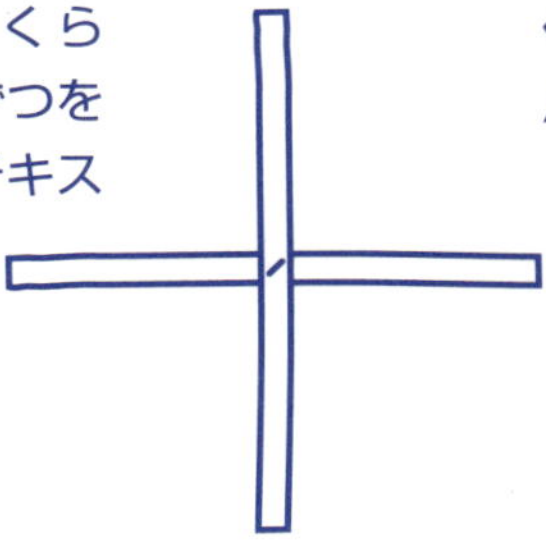

2 １の２つの十字を図のように重ねてホチキスでとめる。

3 ２のはしどうしをホチキスでつないで円にして１つにまとめてとめる。

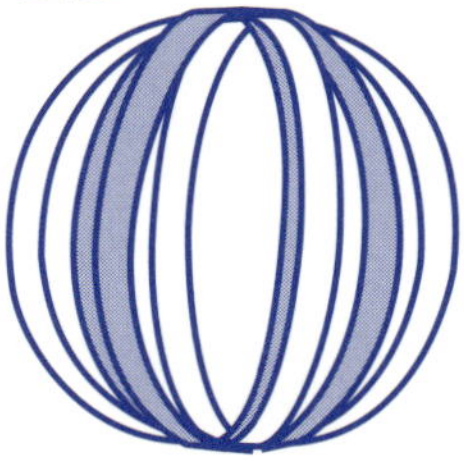

4 ３の横にテープを通して交わったところをホチキスでとめる。

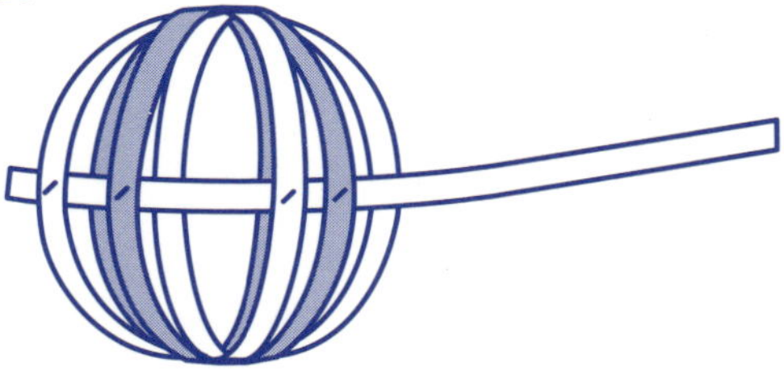

はりこのつぼ

作品写真→ p36

●●●材料●●●

紙テープ　紙バンド
ビニールテープ
ゴムふうせん
ボンド（やまとのりでもよい）　バット
ふで（はけ）　水　ひも
ペットボトル

はりこをつくるとき、紙をちぎってはっていきますが、紙テープはそのまま使えてとても便利です。

つくり方

1 ゴムふうせんを大きさを変えて2個ふくらませ、口にひもをつけておく。

2 バットにボンドを入れ、水で薄めておく。はけでゴムふうせんにボンドをぬり、紙テープを 1m くらいずつ巻いていく。
巻いた上にさらにはけでボンドをぬる。

3 テープを３枚くらい重ねてはれたら、つるして丸１日くらいかわかす。

4 かわいたら、ゴムふうせんを割って取り出す。

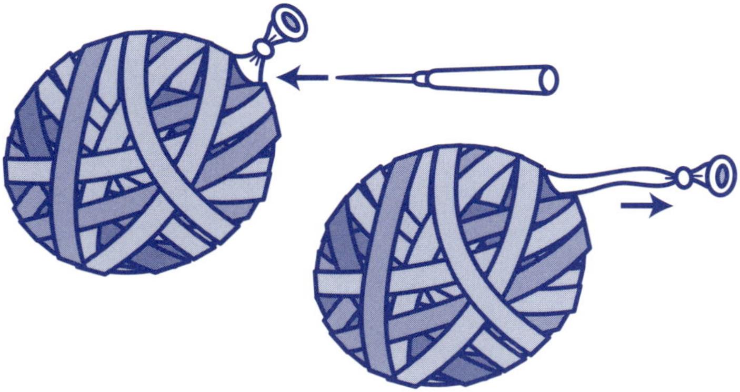

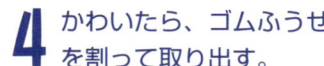

5 ２つのはりこを重ねるために、同じ大きさの穴をあける。

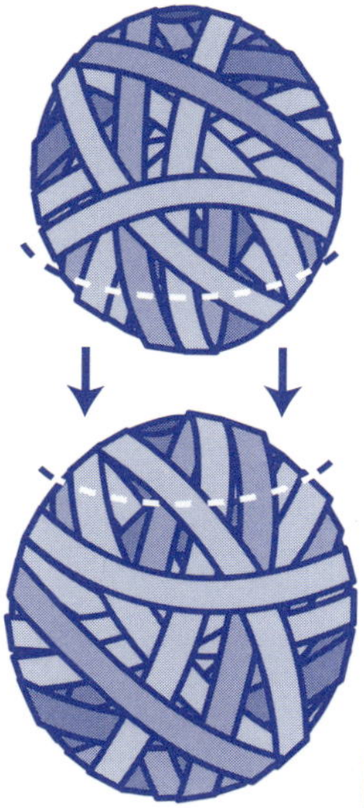

下はペットボトルが
入るくらいの大きさ

6 ５にボンドをつけて、紙テープでつなぐ。

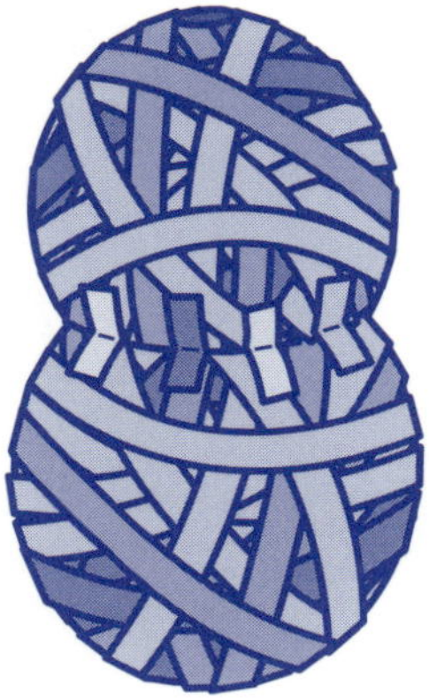

7 ６の上と下に穴をあける。

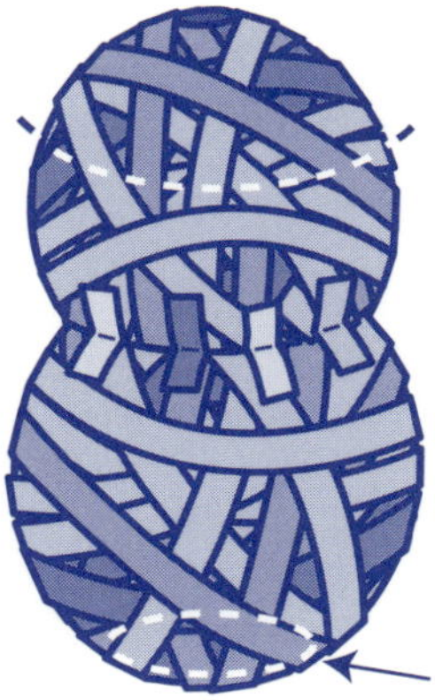

8 生花をいけるときは、ペットボトルに水を入れ、７をかぶせるようにして使う。

★安定よく立たせるためには、紙バンドを輪にして台にするとよい。

9 あらかじめゴムふうせんの途中をビニールテープで巻いて、くぼみをつくってもよい。

★ゴムふうせんは、ぱんぱんにふくらませないように気をつけよう。

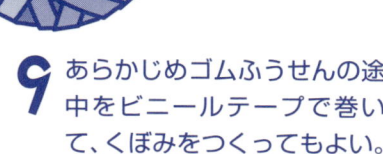

サンバがさ

作品写真→ p36

●●●材料●●●

スズランテープ
ビニールテープ
ビニールがさ
輪ゴム　たこ糸

幅のあるスズランテープですが、とてもうすいので
細かくまとまり、織りこみやすい素材です。
カラフルに仕上げましょう。

つくり方

1 ビニールがさを広げて、ほねの先にたこ糸を結びながら１周し、ほねの形を整える。

2 かさのビニールを切って、ほねの先のカバーを残し、ビニールテープでとめる。

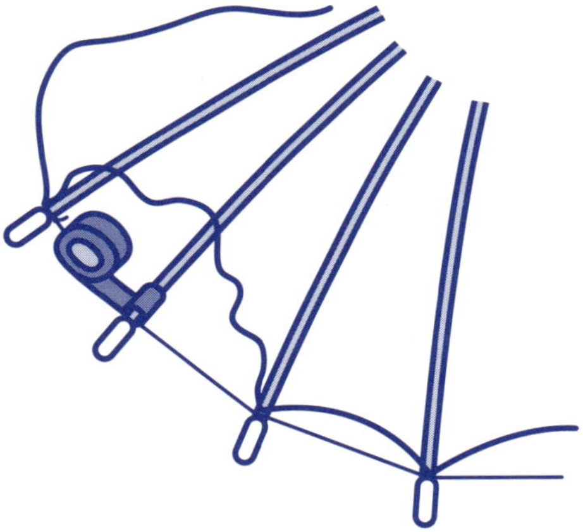

3 スズランテープをほねに巻きつけながら 15 本くらい横にはっていく。

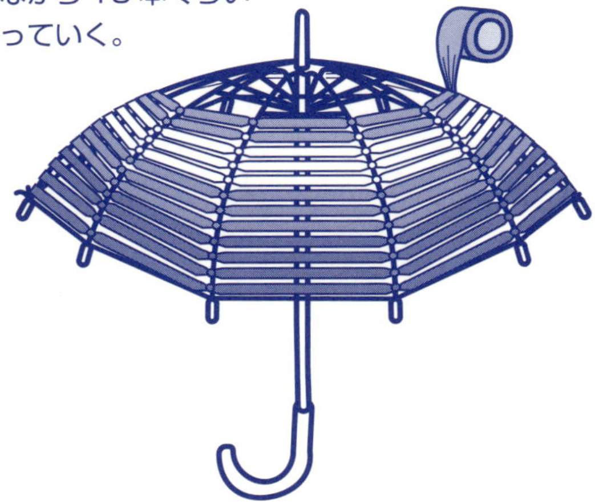

4 たてに通すスズランテープを 10 本ひと組みにして、輪ゴムでまとめる。ほねの数と同じ 8 たばつくる。

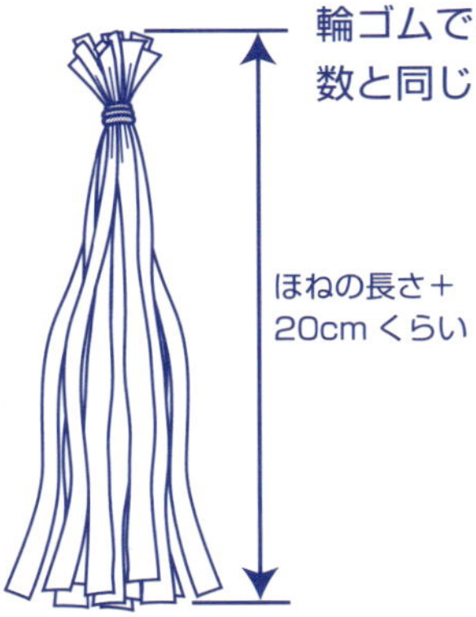

5 4の輪ゴムをかさの先にひっかけて織りこんでいく。1たばをほねとほねの間で使う。

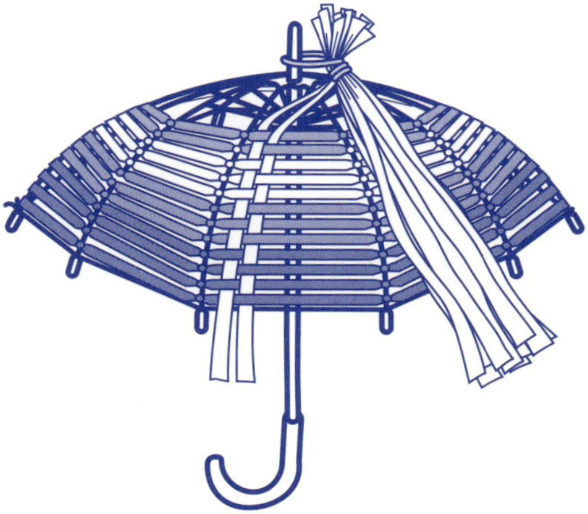

6 最後まで織りこんだら、はしのスズランテープは、となりどうし結ぶ。

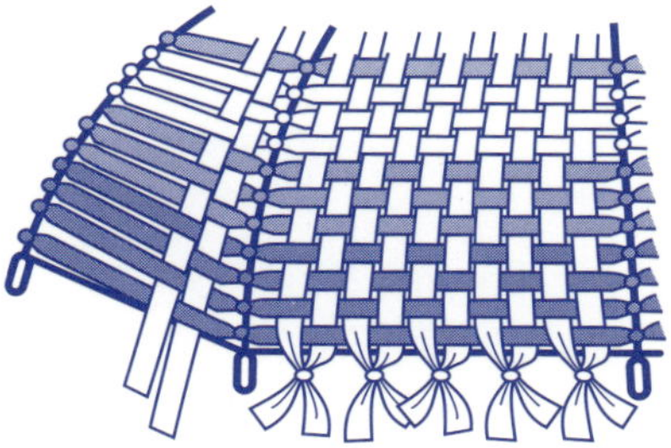

7 かさの上のテープのはしは、すべてまとめて結び、ポンポンのようにさいていく。

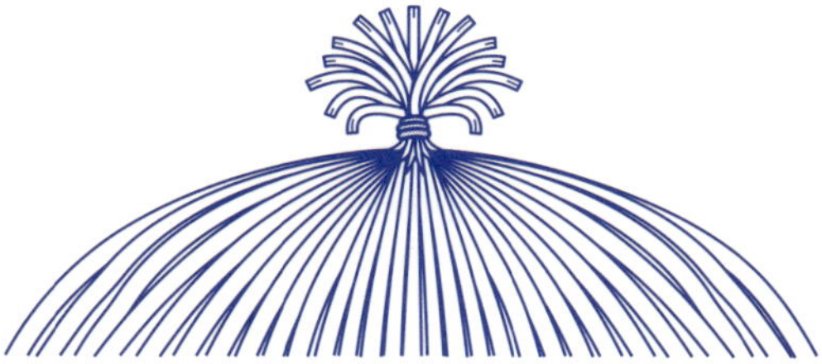

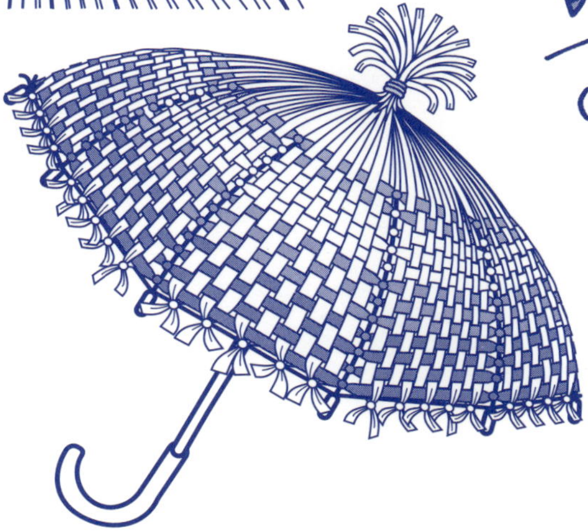

織り物かご

作品写真→ p36

●●●材料●●●

プラスチックのかご
PP テープ　ホチキス

プラスチックのかごとPPテープは材質がにているので、
まとまりよく仕上がります。
かごの目があらい（大きい）ものを探しましょう。

つくり方

1 かごの目を利用して、PP テープを互い違いに織りこんでいく。

2 テープのはしは丸めてホチキスでとめる。
別のテープを切って、先を丸めてホチキスでとめ、かざりとして差しこむ。

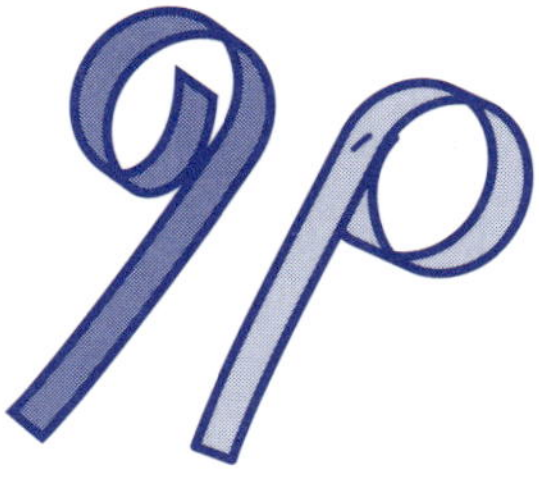

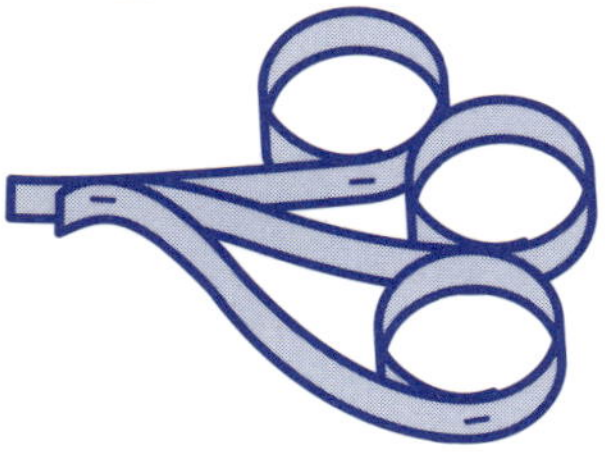

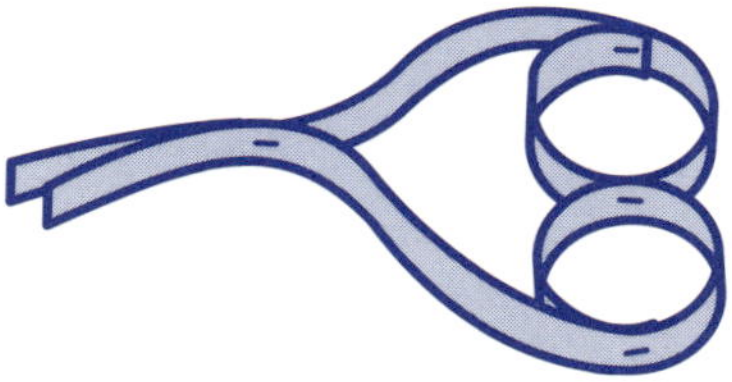

食べ物

スイーツ ➡p.4

プリン・ア・ラ・モード

チョコレートパフェ

氷メロン

あんみつ

イチゴパフェ

おいしそうでしょ？

紙テープのパスタ ➡p.5

ざるそば

天ぷらうどん

スパゲッティ

カラフル野菜 ➡p.6

トマト

エダマメ

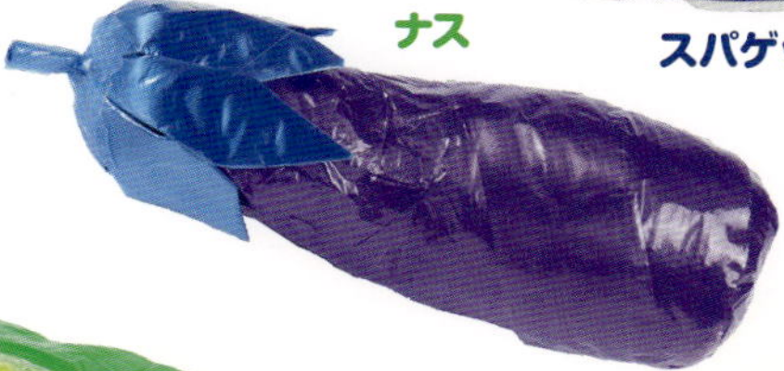

ナス

トウモロコシ

キュウリ

おもちゃ

ダーツ ➡p.11

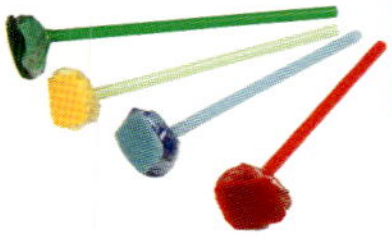

パンチング ボール ➡p.14

まっすぐ ロケット ➡p.15

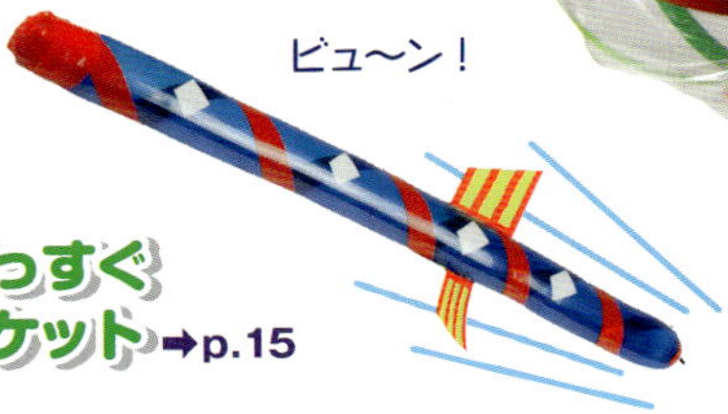

エアーホッケー ➡p.8

コマ ➡p.9

食いつきヘビ君 ➡p.16

くっつきゲーム板 ➡p.10

ねちねち魚つり ➡p.12

風車 ➡p.22

たいこ ➡p.20

カーリングつけ毛 ➡p.21

ビヨヨンタコ ➡p.24

クルクル花吹雪 ➡p.18

ボール ➡p.26

ゆかいな顔 ➡p.23

なかよしイモムシ ➡p.25

かざり・雑貨

はりこのつぼ ➡p.28

サンバがさ ➡p.30

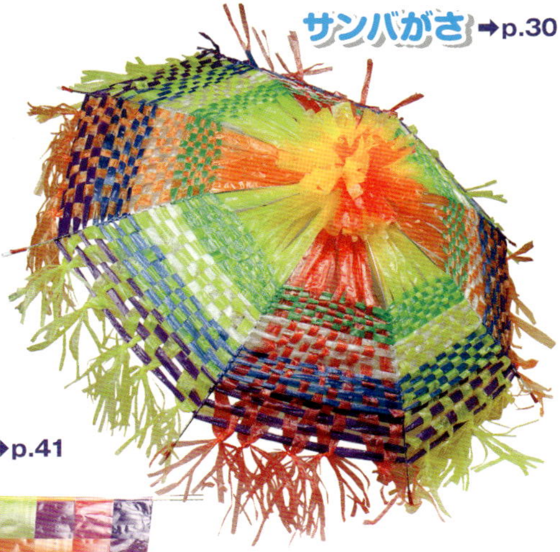

織り物かご ➡p.32

虹色のれん ➡p.41

スクラッチ絵 ➡p.43

ダイヤモンド ➡p.44

のぞき用わくの角度を変えると、色が変わるよ！

のぞき用わく

マスキングアート ➡p.42

キラキラごほうびシール ➡p.50

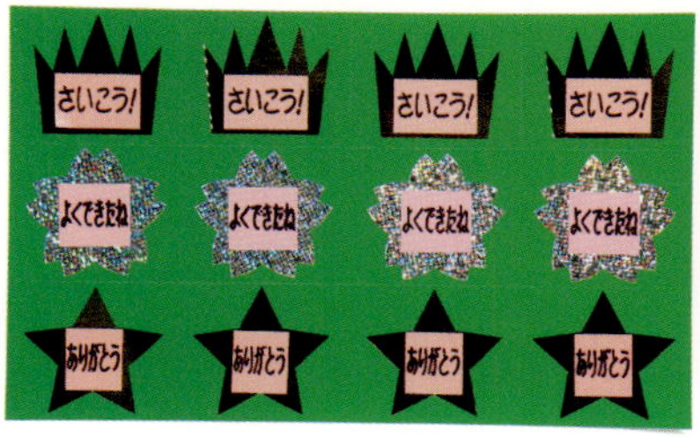

ポンポンほうき ➡p.48

おそうじに
使えます

カラフルがさ ➡p.47

チョウのステンドグラス ➡p.46

はたらく自動車

ショベルカー ➡p.52

キャタピラブルドーザー ➡p.54

生き物

虫

バッタ →p.57

セミ →p.57

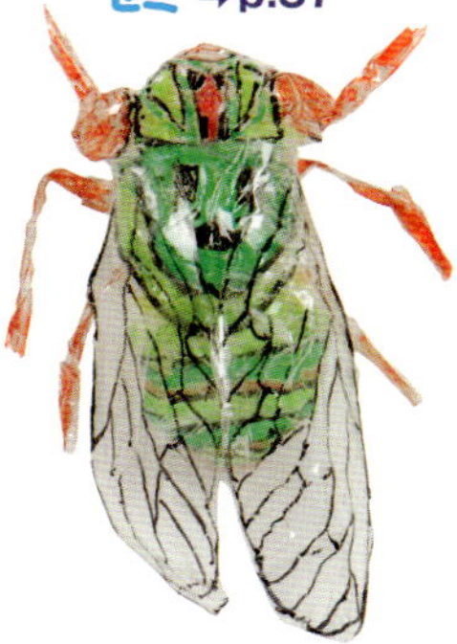

チョウ →p.56

トンボ →p.58

カブトムシ →p.59

甲虫 →p.60

海の生き物

タツノオトシゴ →p.62

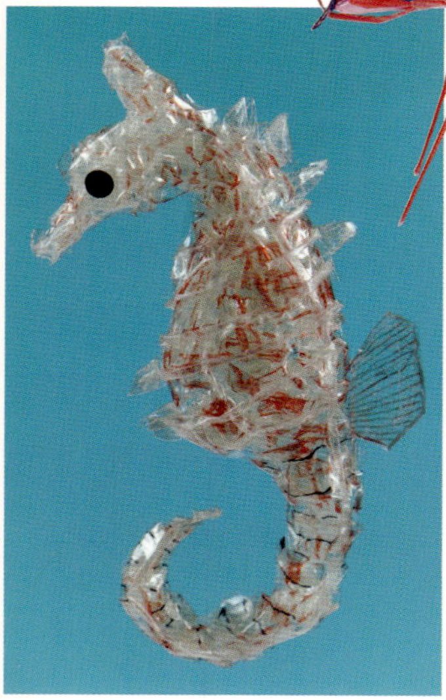

エビ →p.63

カニ →p.64

サカナ →p.61

動物

ネコ ➡p.67

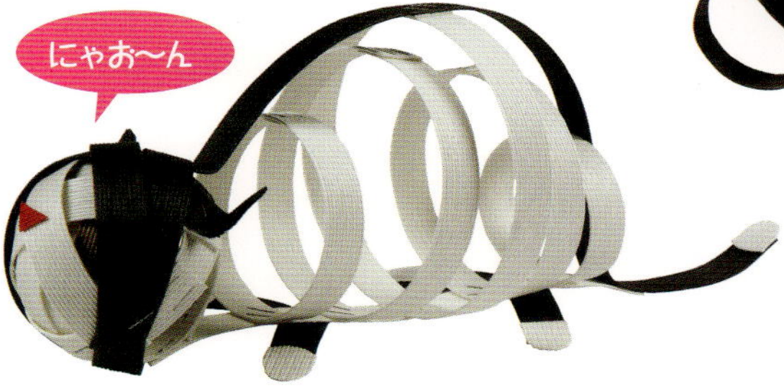
にゃお〜ん

イヌ ➡p.66

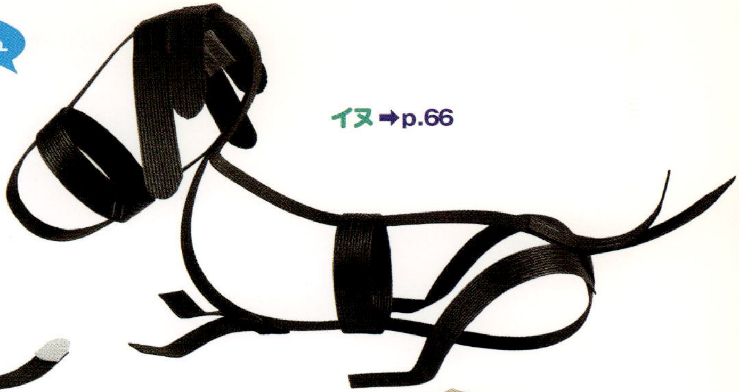
わんわんわん

ゾウ ➡p.68

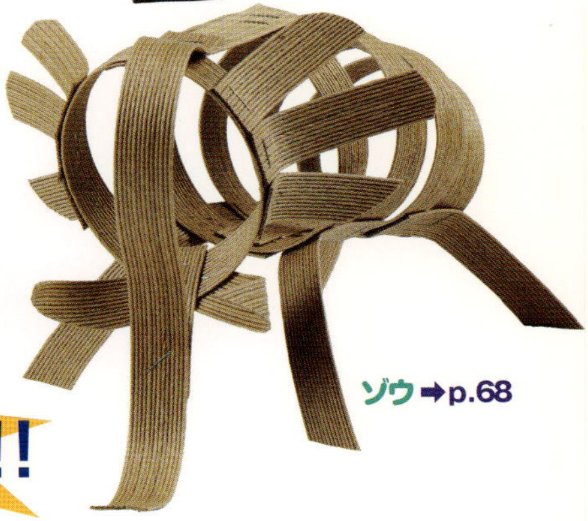

恐竜 ➡p.70

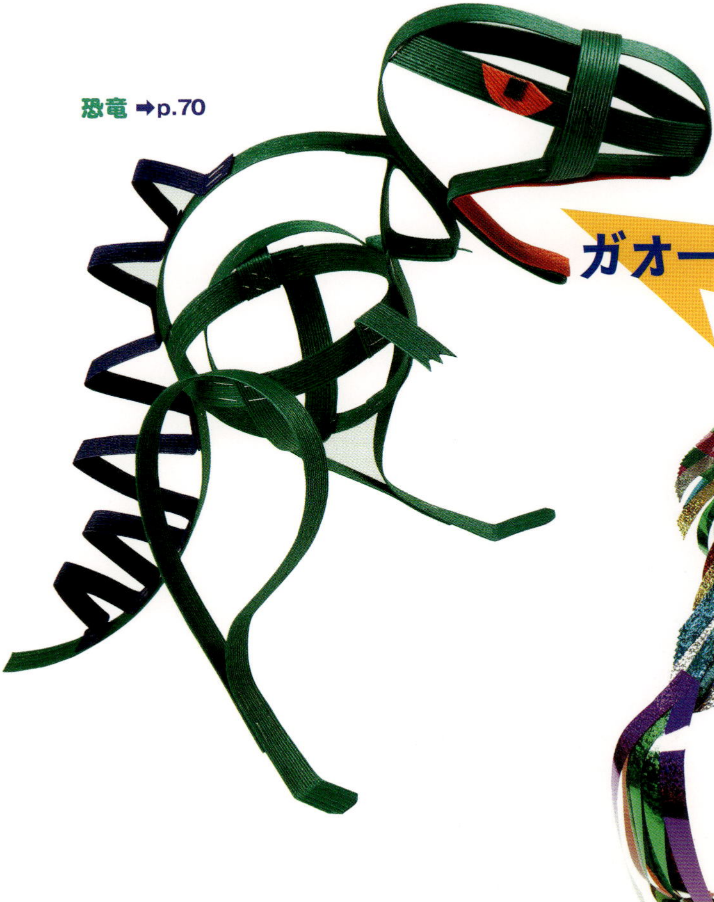
ガオー!!

極楽鳥 ➡p.72

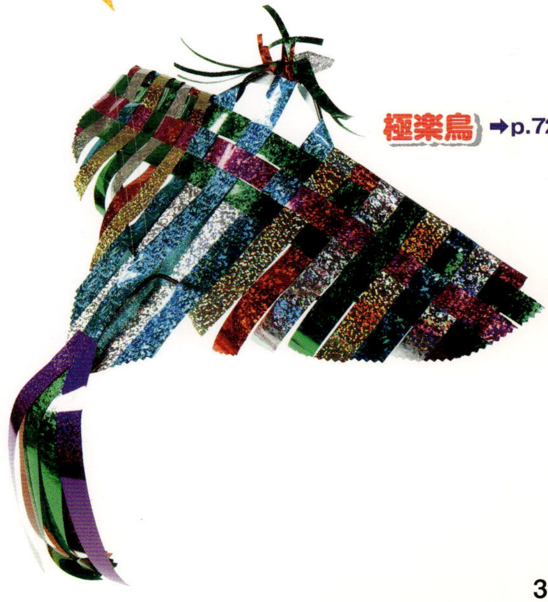

手品

1つが大きく ➡p.74

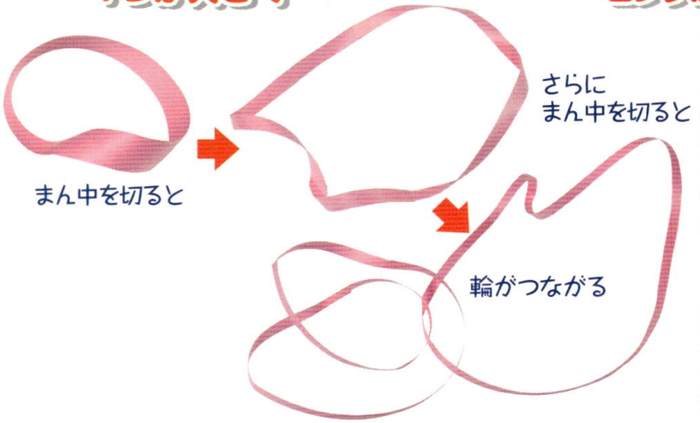
まん中を切ると
さらに
まん中を切ると
輪がつながる

ピンクがブルーに ➡p.76

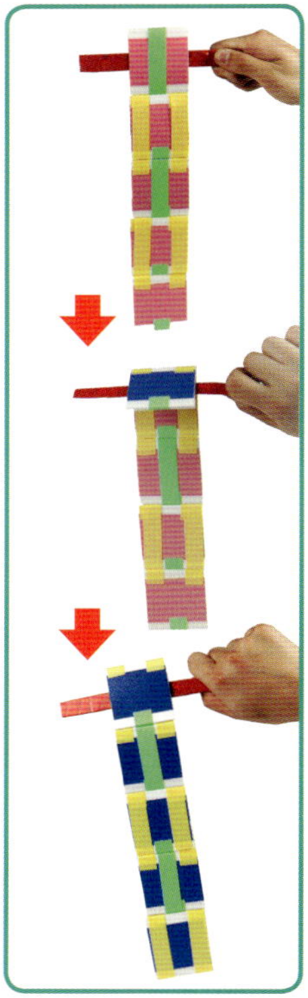

丸が四角に! ➡p.75

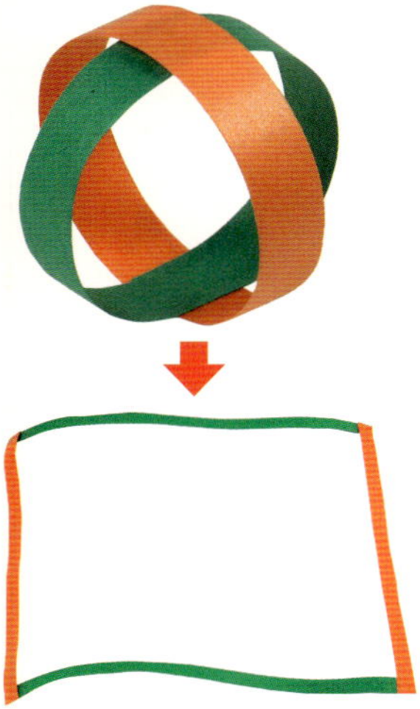

もじゃもじゃイモムシ ➡p.78

ざわざわ
ざわざわ

静かなタコ ➡p.79

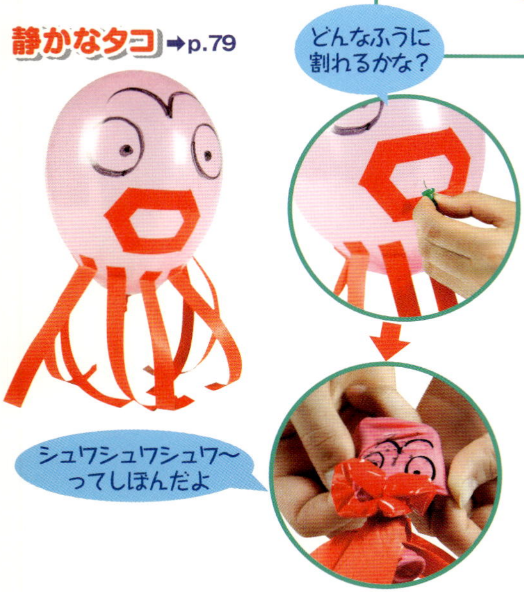
どんなふうに
割れるかな?
シュワシュワシュワ〜
ってしぼんだよ

割れないふうせん ➡p.77

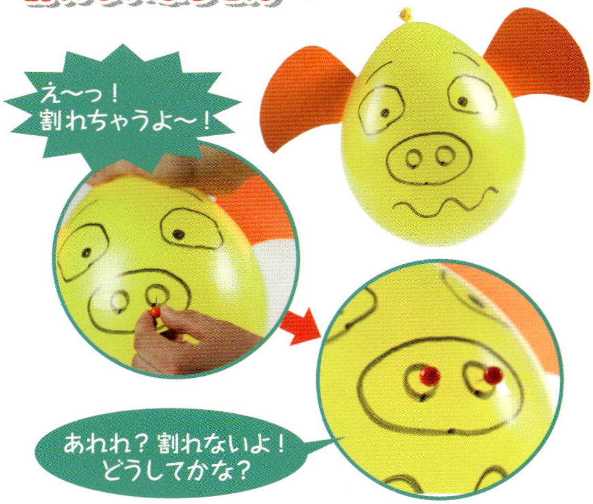
え〜っ!
割れちゃうよ〜!
あれれ? 割れないよ!
どうしてかな?

虹色のれん

作品写真→ p36

●●●材料●●●

スズランテープ
セロハンテープ
両面テープ
丸棒（長さ 90cm）
大きい木のビーズ

カラフルでうすいスズランテープをそのままの幅を生かして織りこみます。重なる部分は新しい色が生まれ、透明感のあるすずしそうなのれんになります。

つくり方

1 スズランテープを長さ 90cm に 12 本切り、両面テープで丸棒にすき間なく並べてはる。

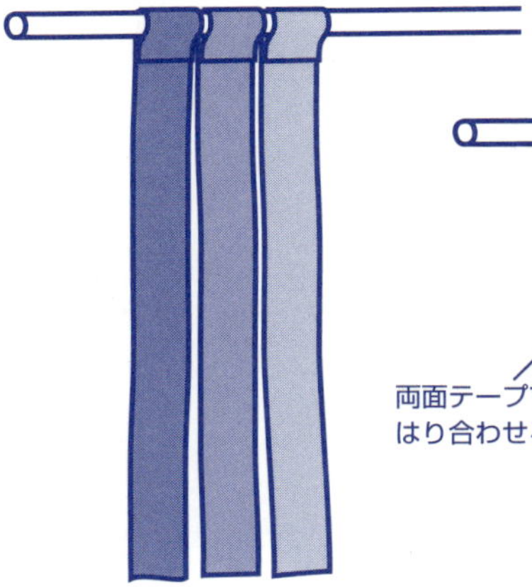

2 横に織りこむスズランテープも 90cm くらいに 7 本切る。
上から順に互い違いに織りこむ。ずれないようにところどころセロハンテープでとめておく。

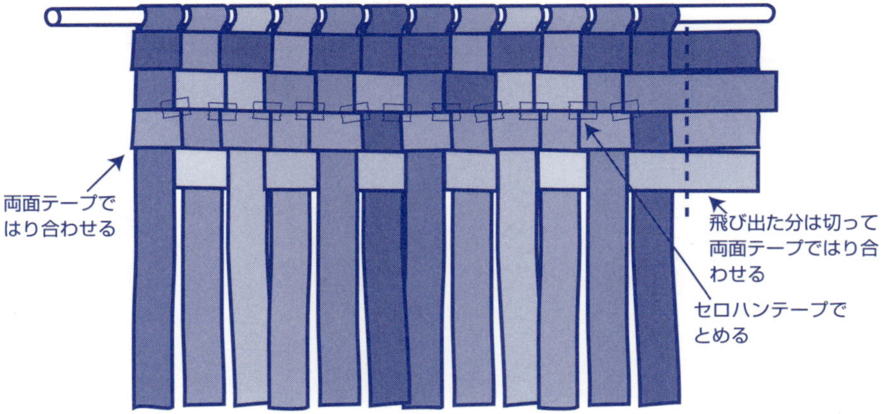
両面テープで
はり合わせる
飛び出た分は切って
両面テープではり合
わせる
セロハンテープで
とめる

3 下の先の部分は、細くして丸め、両面テープをはり、木のビーズの穴に通してとめる。

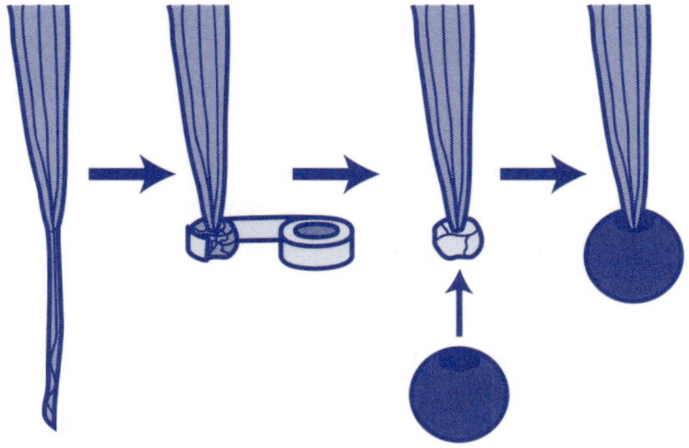

マスキングアート

●●●材料●●●

ビニールテープ
ペットボトル（表面がツルツルのもの）
アクリル絵の具
はけ　たこ糸

炭酸飲料入りの表面が平らでツルツルのペットボトルには、ビニールテープがぴったりくっつきます。上から絵の具をぬってはがすと、きっちりとテープの形が出てきます。

作品写真→ p36

つくり方

1 ペットボトルにビニールテープを巻いたり切ったりして、ぴったりとはる。

2 全面にアクリル絵の具をぬり、つるしてかわかす。

3 かわいたらビニールテープをはがし、口の部分を切る。

スクラッチ絵

作品写真→ p36

●●●材料●●●

カラークラフトテープ
（2色以上）
両面テープ
厚紙（画用紙）
黒のクレヨン
わりばし　色画用紙

クラフトテープの表面ははがれやすいので、上にぬったクレヨンをひっかくと、きれいにクラフトテープの色が現れます。

つくり方

1 厚紙にカラークラフトテープを全面にはる。

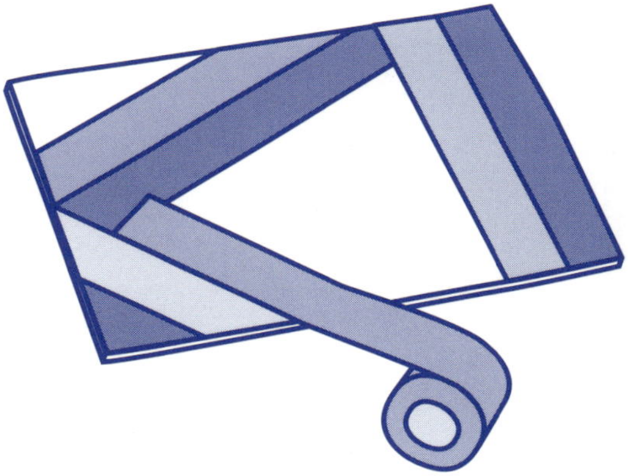

2 1の上から黒のクレヨンを全面にぬる。

3 2のクレヨンの上から、わりばしでひっかくようにして絵をかく。

4 3を少し大きめの色画用紙に両面テープではる。

ダイヤモンド

作品写真→ p36

●●●材料●●●

セロハンテープ
偏光板（10 × 10cm、
3 枚くらい）
白い厚紙　黒い厚紙
色画用紙
テープのはり方の図（p45）

セロハンテープは向きを変えて重ね合わせると、
偏光がかかって思わぬ色が現れます。

つくり方

1 偏光板を 2 枚重ねて、黒くなる向きとすきとおる向きを確認する。

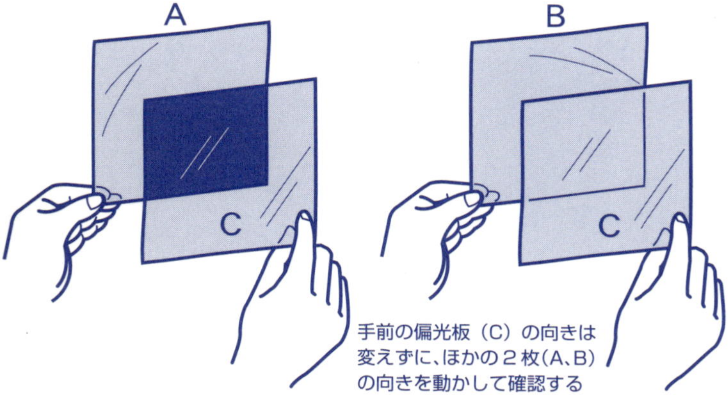

手前の偏光板（C）の向きは
変えずに、ほかの２枚（A､B）
の向きを動かして確認する

2「セロハンテープのはり方」の図の上に A、B を確認した向きで乗せる。

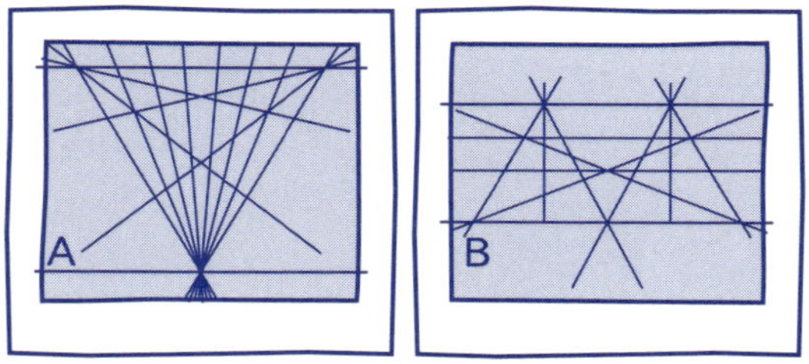

3 はり方の線に合わせてセロハンテープを偏光板にはり重ねていく。

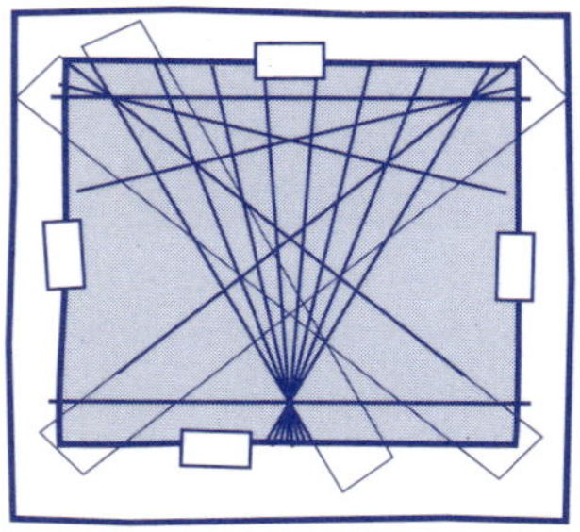

4 黒い厚紙を図のように切りぬく。

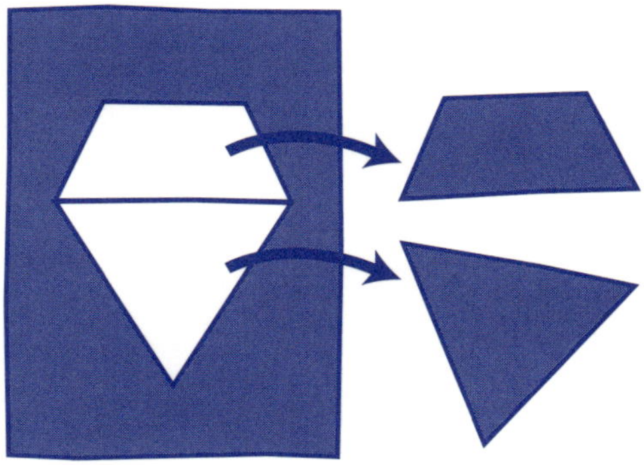

5 白い紙の上に A と B を図のように並べて、はしをテープでとめる。

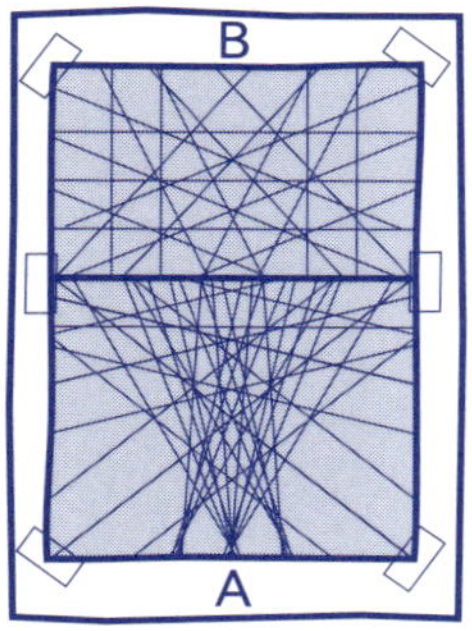

6 5のA、Bのさかい目に、4の細い部分が乗るようにあわせて重ね、裏からテープでとめる。

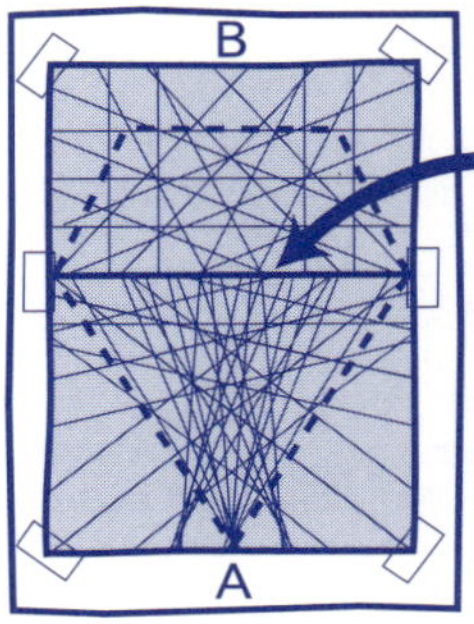

7 6の周りをキラキラテープでかざる。斜めに立つように後ろ側に支えをつける。

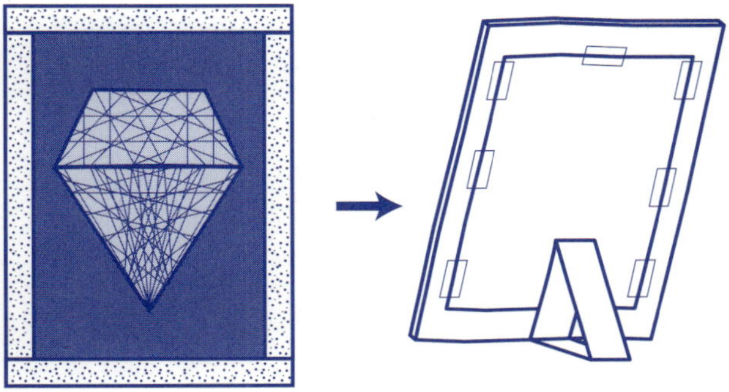

8 のぞくほうの偏光板Cは、手でさわるとよごれるので、紙のわくにはる。

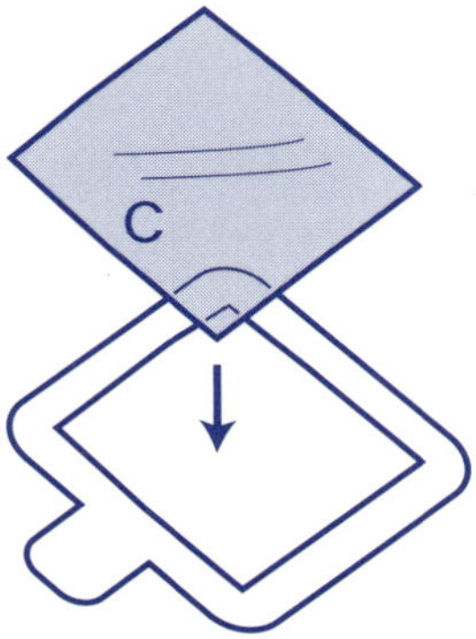

【セロハンテープのはり方】

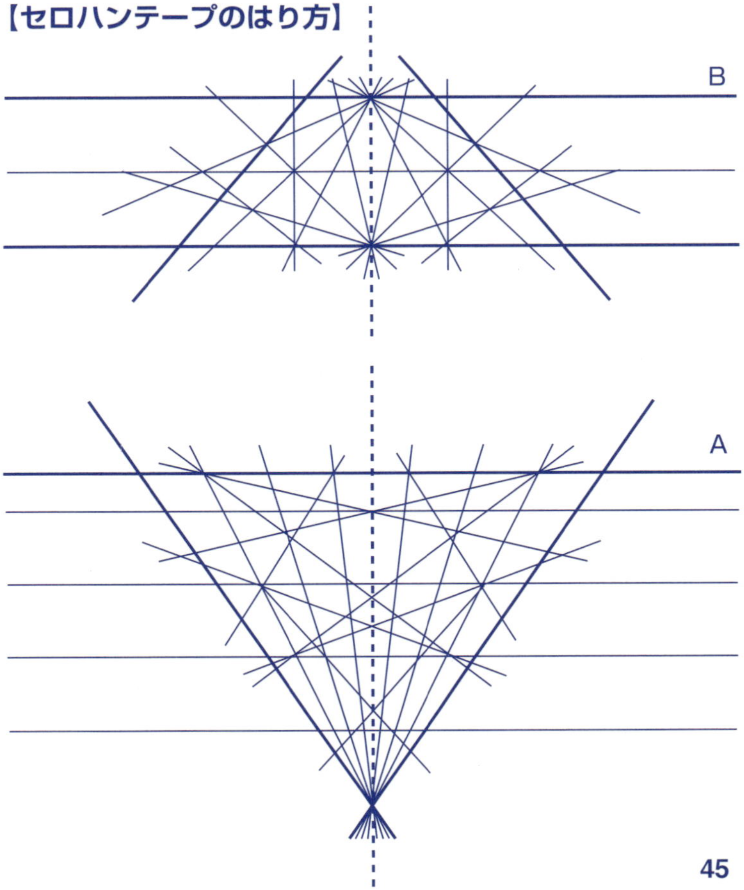

チョウのステンドグラス

●●●材料●●●

工作用のマスキングテープ
透明なファイルケース

作品写真→ p37

工作用のマスキングテープは色数も豊富にあります。
和紙でできているので、手でちぎることができます。
重ねてはると、新しい色もできるし、
透過光で見るととてもキレイです。

つくり方

1 ファイルケースを１枚ずつに切りはなし、色合いを考えながらマスキングテープを重ねてはっていく。

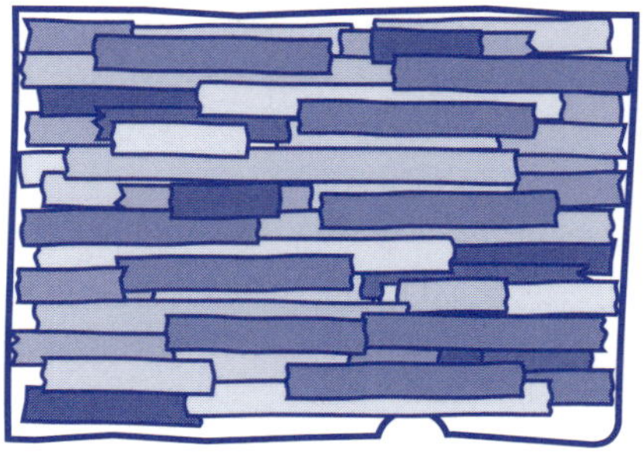

2 つくりたいものの形に１を切り、窓ガラスなどにはる。

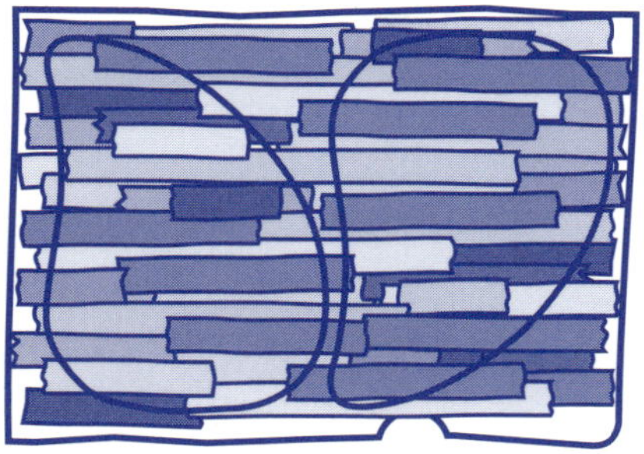

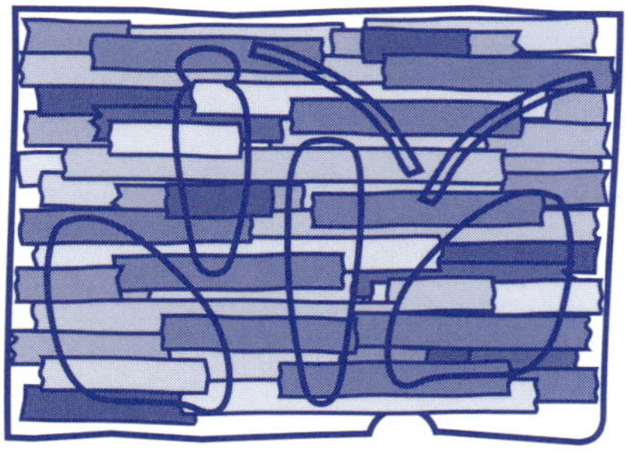

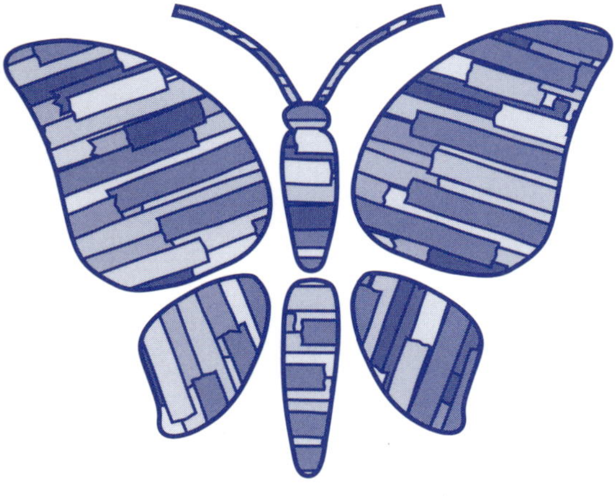

カラフルがさ

作品写真→ p37

●●●材料●●●
ビニールテープ
透明なビニールがさ

ビニールテープは表も裏も同じ色なので、
透明なものにはると、両側から色を楽しめます。

つくり方

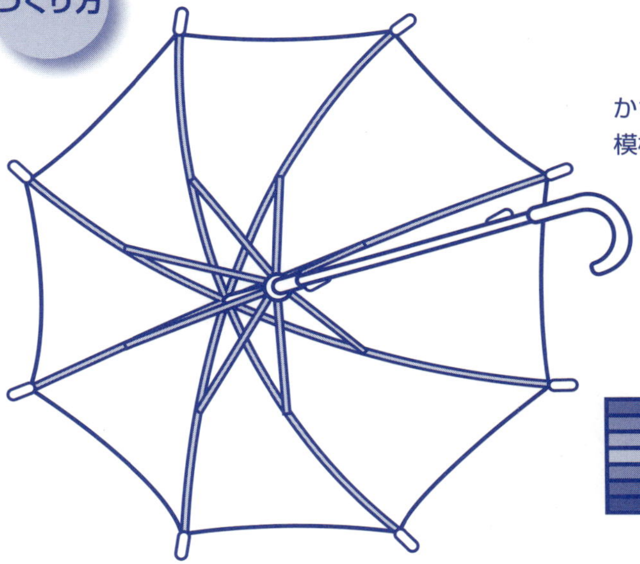

かさを広げて、内側から好きな模様や絵をはっていく。

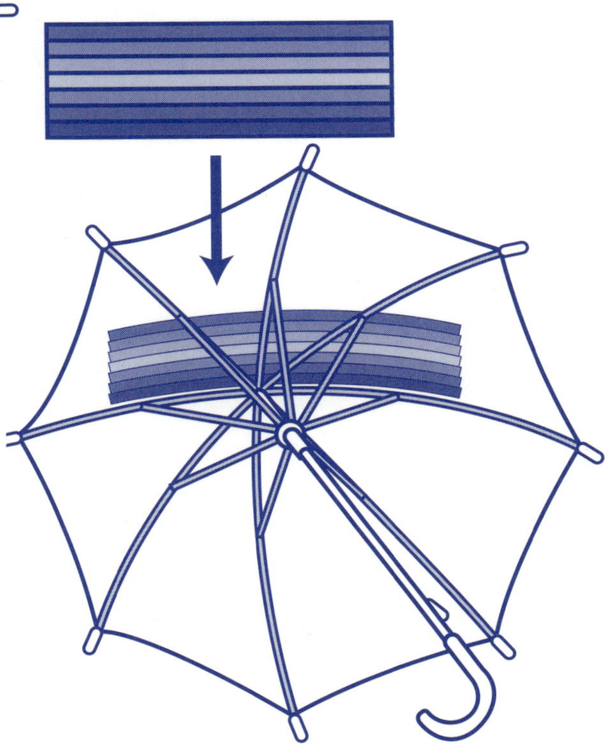

★ビニールテープは、ひっぱり出してから、ちぢむのをしばらく待ってからはります。のびたままはると、ちぢんですき間やしわができることがあります。

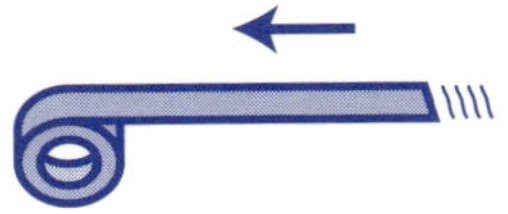

★かさは丸みがあるので、直線ではった虹もカーブをえがいて見えます。

ポンポンほうき

●●●材料●●●

スズランテープ
ビニールテープ
セロハンテープ
発泡スチロール
竹ぐし　新聞紙

作品写真→ p37

スズランテープは、とても静電気がおこりやすい素材です。細かくさくこともかんたんなので、静電気でほこりをくっつけてしまう「ほうき」をつくりました。

つくり方

1 スズランテープを 50cm くらいの長さで 20 本切り、はしをまとめる。

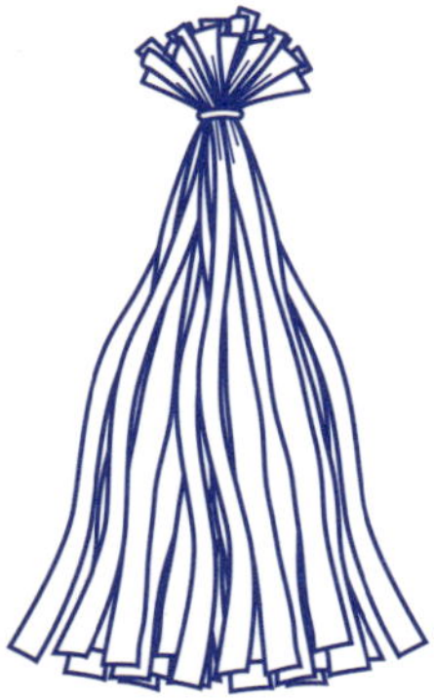

2 1 の結び目をくるむようにして結び、頭をつくる。

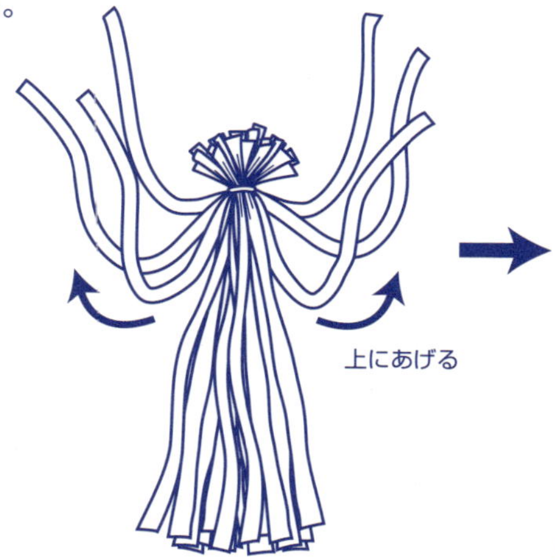

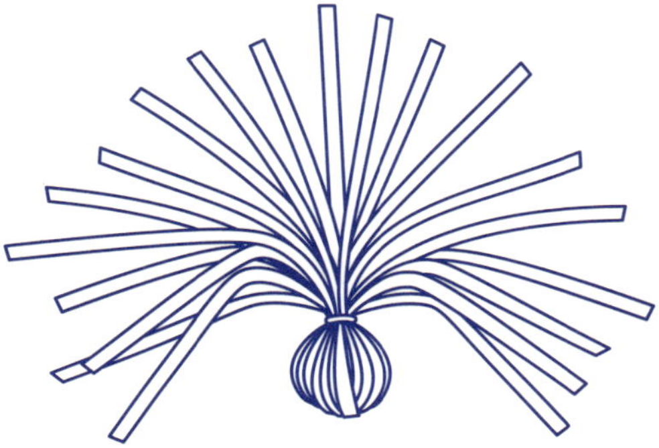

3 発泡スチロール（発泡球なら半分に切る。胸、肩の形にカッターでけずる）に竹ぐしを通し、下のほうは新聞紙を巻いて腰の形をつくる。

4 3 を 2 の頭に差しこむ。

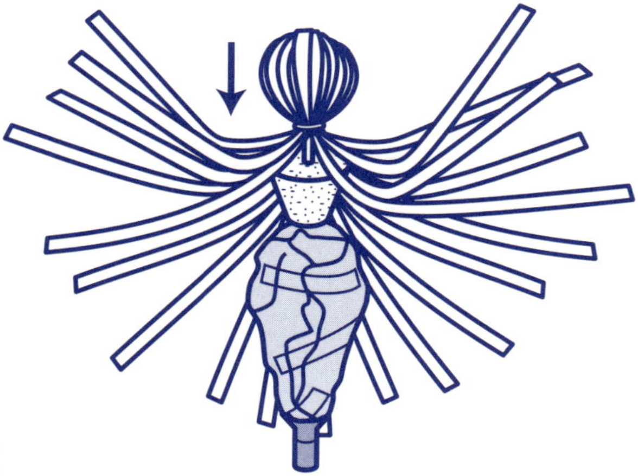

5 図のようにウエストの部分と竹ぐしの下の部分を別のスズランテープで巻いてとめる。

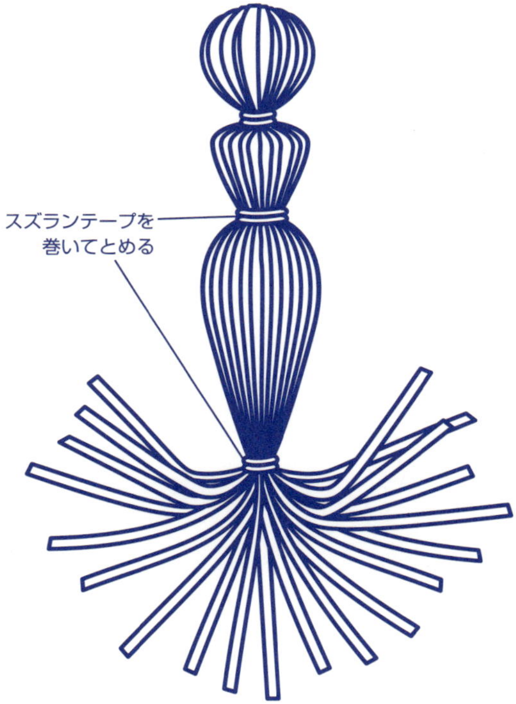

6 別のスズランテープを３本まとめて三つ編みをし、両面テープで頭にはる。腰から下のほうを細くさく。

キラキラごほうびシール

●●●材料●●●
カラークラフトテープ
キラキラテープ（幅広のもの）
メモックロールテープ
紙　サインペン
えんぴつ

作品写真→ p37

表面のはく離性の強いクラフトテープをシールの台紙に使い、キラキラシールにオリジナルメッセージがかけるメモックロールテープをはってつくります。

つくり方

1 白い紙にカラークラフトテープをはり、その上から、幅 5cm くらいのキラキラテープをはる。

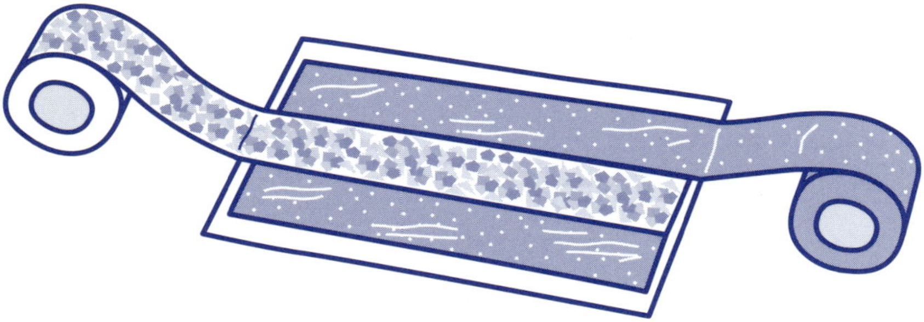

2 1 の裏の紙に幅 5cm におさまるシールの形をかく。

3 2 を形通りに切りぬく。

4 3 の上にメモックロールテープをはり、メッセージをかく。

★このままキラキラテープをクラフトテープからはがせば、シールとして使える。

5 できたシールをはる台紙をつくり、４のキラキラテープの部分からはがして、台紙に並べてはる。

紙の上にカラーテープをはる

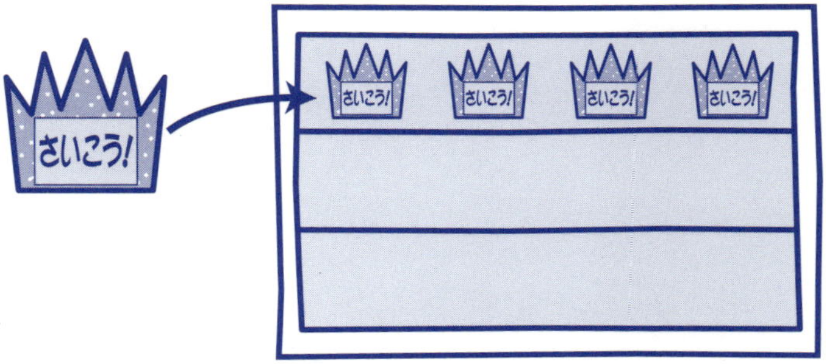

はたらく自動車

●●●材料●●●

紙バンド　ホチキス

作品写真→ p37

はりのある紙バンドは、丸や四角の形がつくりやすい素材です。線がきのような感覚でつくっていきましょう。

つくり方

ショベルカー

1 車輪になる輪を４個、同じようにつくり、ホチキスで２カ所とめる。

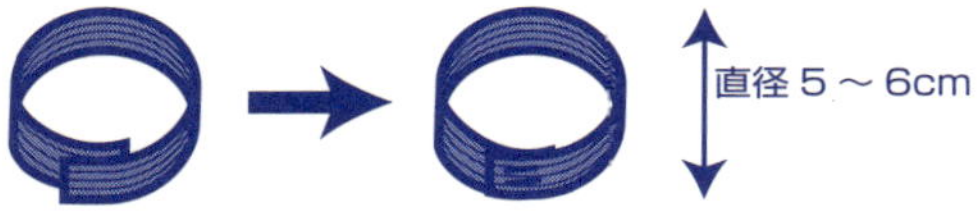

2 １の車輪を長さ 10cm の紙バンドの両はしにホチキスでとめる。

3 図のような大きさで車体の四角いわくをつくる。強さを保つために、図のようにわくの中に紙バンドをとめる。

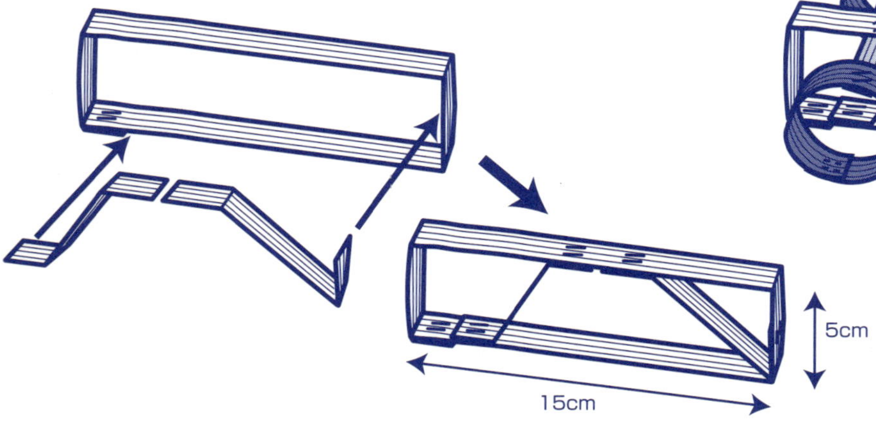

4 ３の中をくぐらせ、２の車輪をつける。

5 図のような形のフレームをつないでアームをつくる。

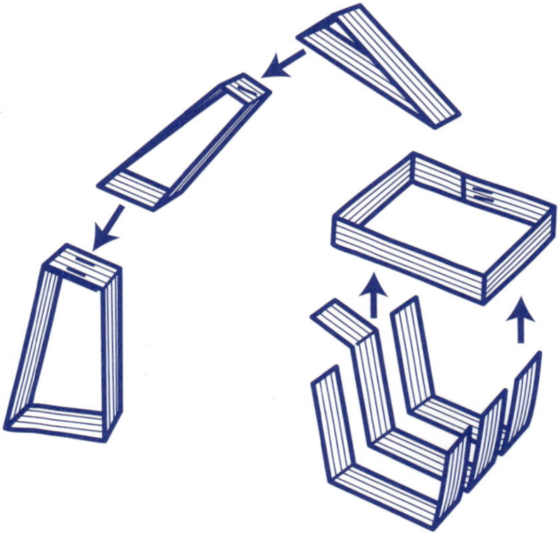

6 5の先に四角い箱をつくってとめる。

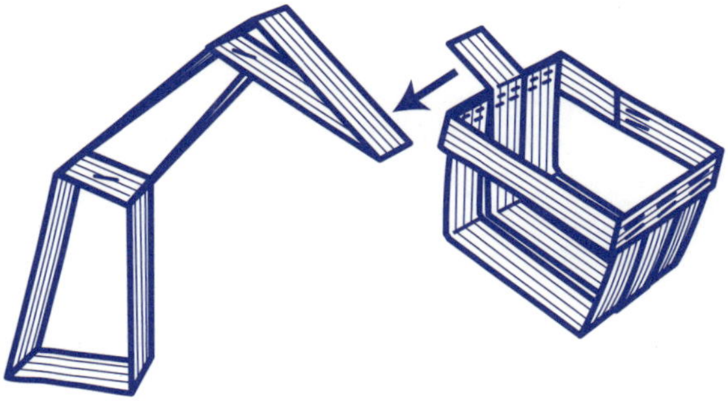

7 5を4にとりつけ、図のような運転席をつける。

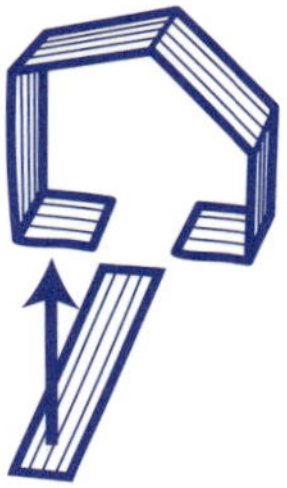

キャタピラブルドーザー

作品写真→ p37

●●●材料●●●

紙バンド　両面テープ
ホチキス

つくり方

1 直径 3.5cm くらいの輪を4個つくる。

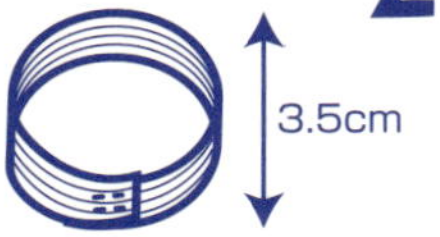
3.5cm

2 一辺 9cm の四角いフレームをつくり、1をつける。

3 キャタピラになる紙バンドを２の車輪に回してとめる。

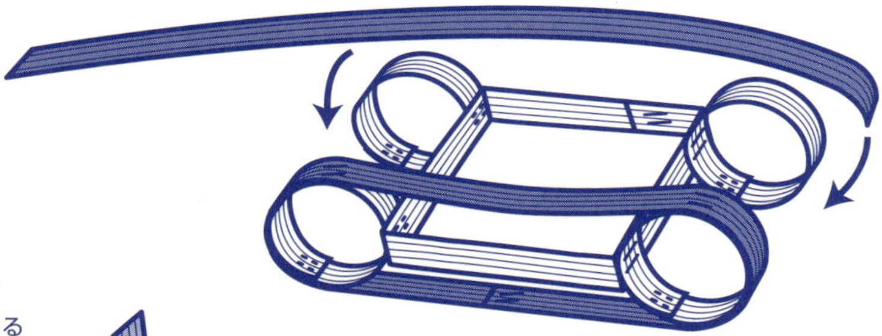

4 前の部分を図のようにつくる。

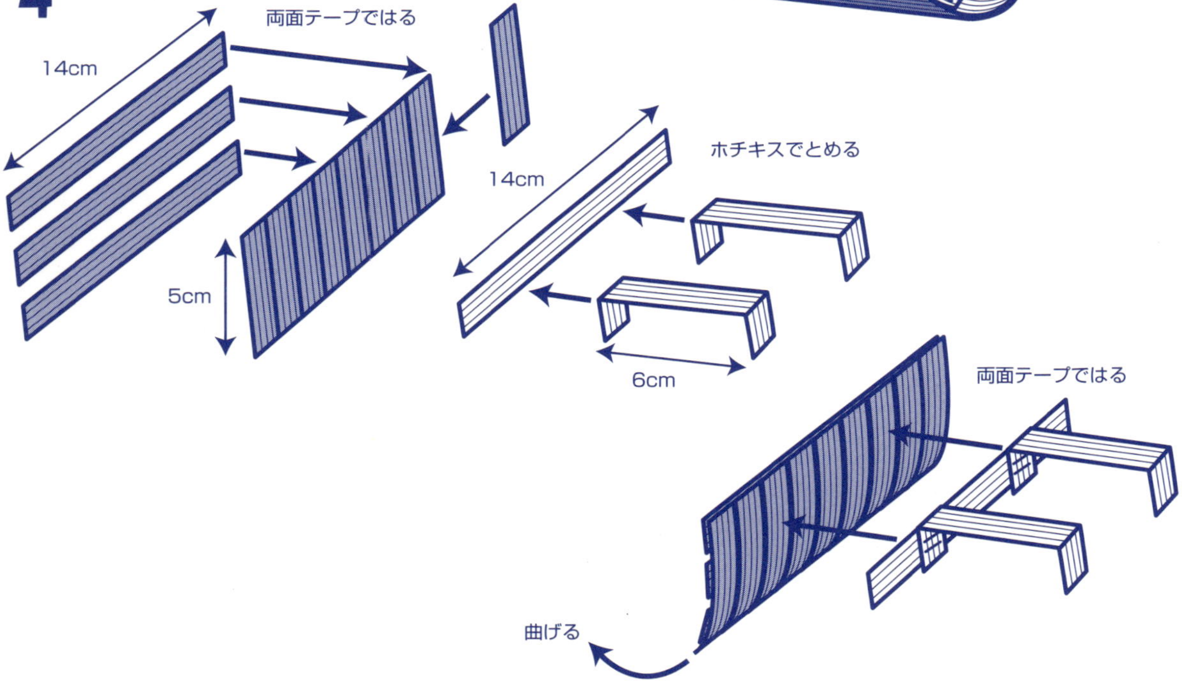
14cm
両面テープではる
5cm
14cm
ホチキスでとめる
6cm
両面テープではる
曲げる

5 ３のフレームに４と運転席をつける。

虫 チョウ・セミ・バッタ

●●●材料●●●
セロハンテープ
油性マーカー

セロハンテープのつやや透明感をいかして、虫の表面や
羽を表現します。図鑑をよく見てつくりましょう。

つくり方

チョウ

チョウの体のつくりをよく見て、
頭・胸・腹・羽をバラバラにつくる。

作品写真→ p38

1 羽は、セロハンテープをたたんで平らにする。

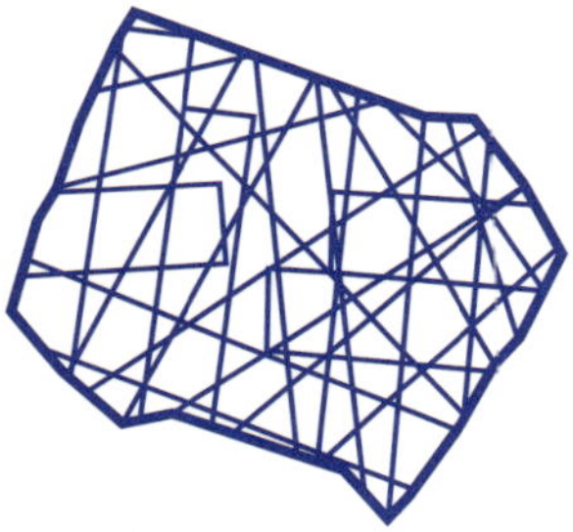

2 はさみで形を整える。

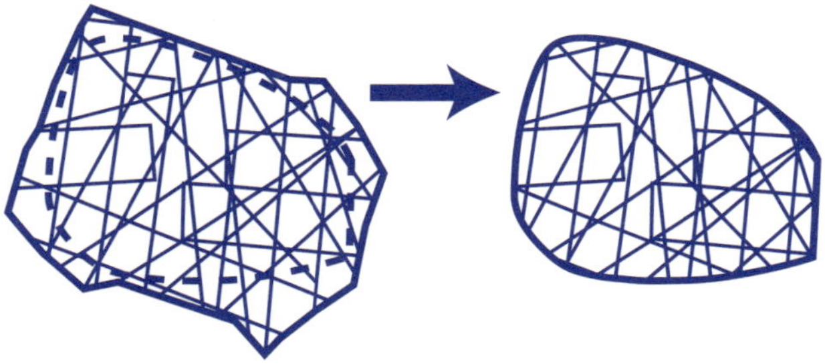

3 マーカーで色をぬる。

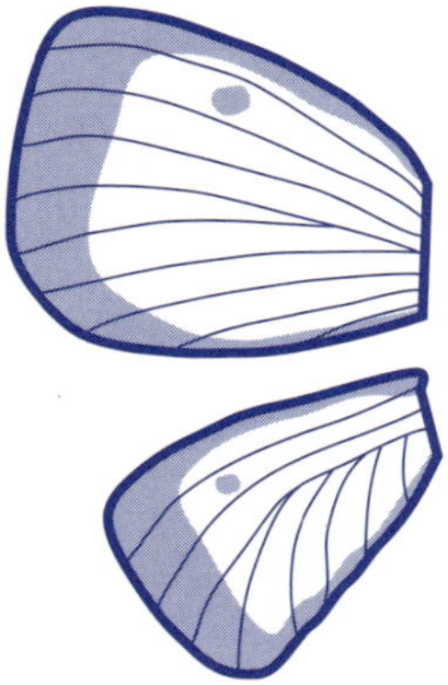

4 体は、セロハンテープを丸めてつくる。

5 4をくっつけてセロハンテープでとめ、色をぬる。

6 触角は、こよりのように細く丸める。

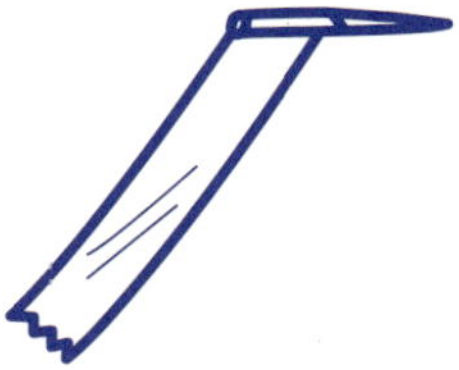

7 すべての部位をテープではり合わせる。

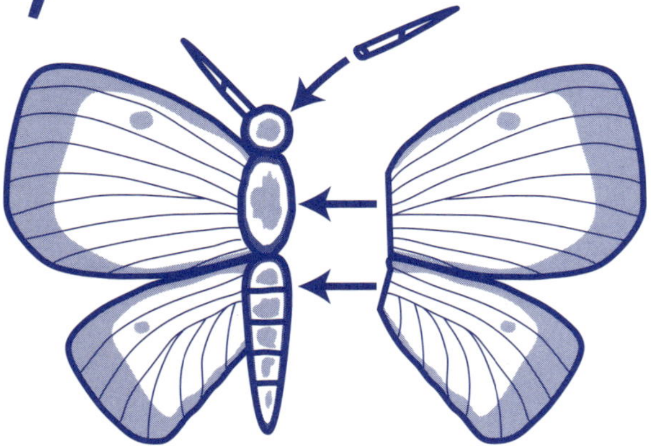

バッタとセミ

体のつくりをよく見て、頭･胸･腹･羽・足をバラバラにつくる。

作品写真→ p38

つくり方

1 羽は、セロハンテープをたたんでつくる。4枚あるが、2枚が重なると透明感がなくなるので、大きい外側の羽を2枚つくる。

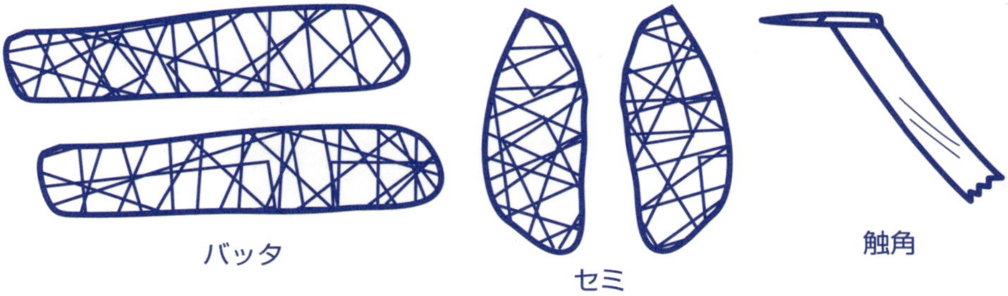
バッタ
セミ
触角

2 1の羽に模様をかく。

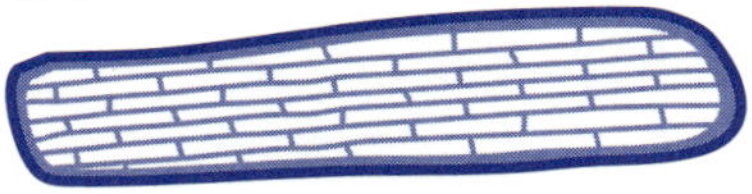

3 頭･胸･腹をセロハンテープを丸めてつくり、色や模様をつけてつなげる。

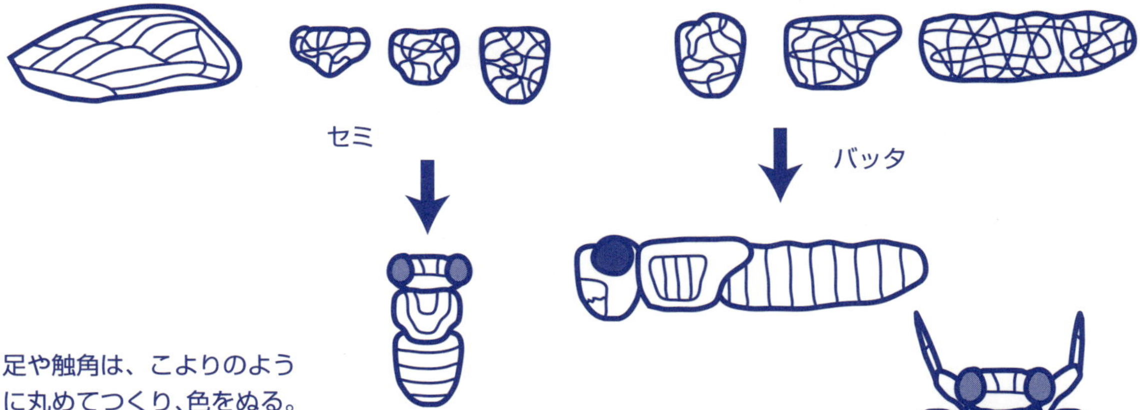
セミ
バッタ

4 足や触角は、こよりのように丸めてつくり、色をぬる。バッタの後ろ足は、図のようにつくる。

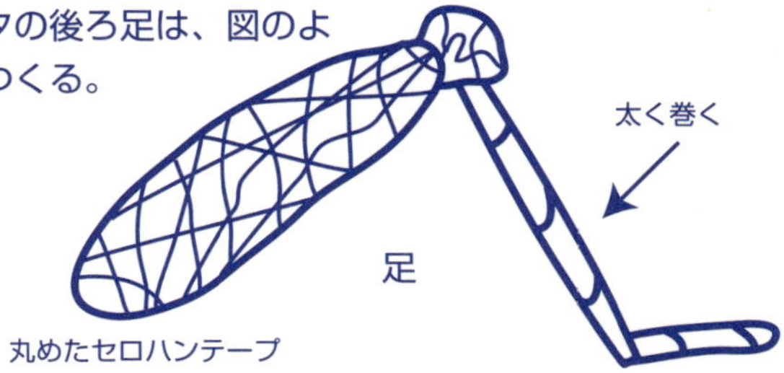
太く巻く
足
丸めたセロハンテープ

5 すべての部位をくっつける。

セミ

虫 トンボ・カブトムシ・甲虫

●●●材料●●●

紙バンド　ホチキス

紙バンドのはりと、結び目の形を生かして、
虫の特徴を強調してつくります。

作品写真→ p38

つくり方

トンボ

1 紙バンドを図のような長さで切り、体と羽をホチキスでとめて先を切る。

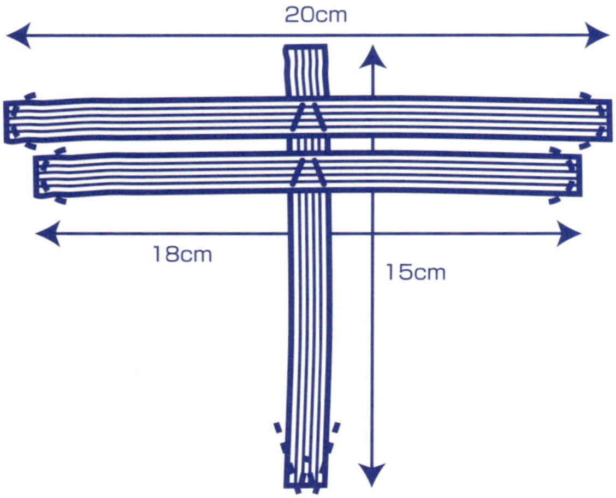
20cm
18cm
15cm

2 長さ 15cm くらいの 2 本の紙バンドの先に結び目をつくる。

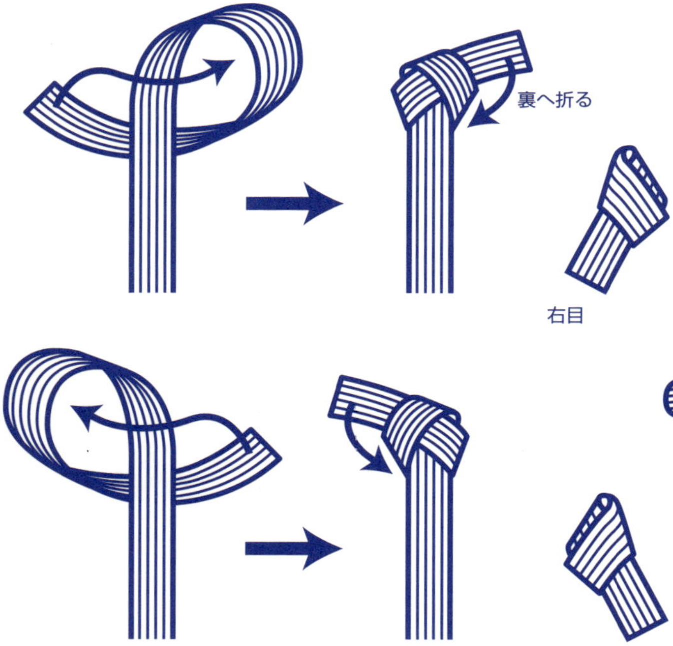
裏へ折る
右目
左目

3 2 を 1 の頭にホチキスでとめる。

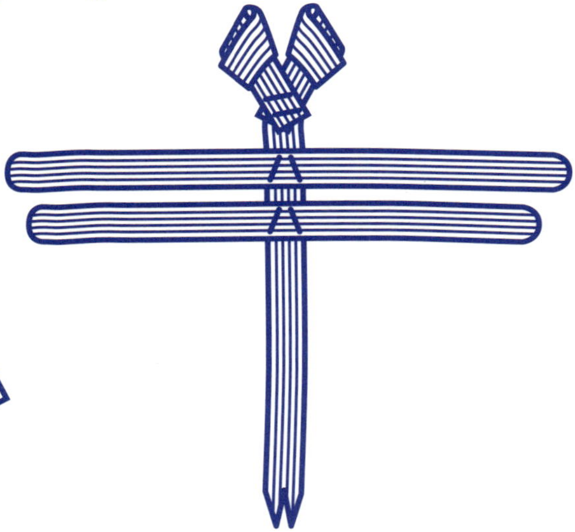

カブトムシ

つくり方

1 長さ 15cm の紙バンドを４本、長さ 6cm を２本切り、図のようにはり合わせる。

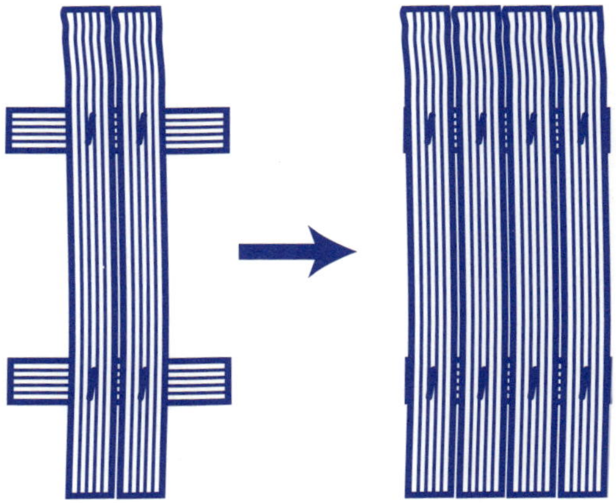

2 1 を切って、体らしくする。裏に足と腹のふくらみの紙バンドをホチキスでとめる。

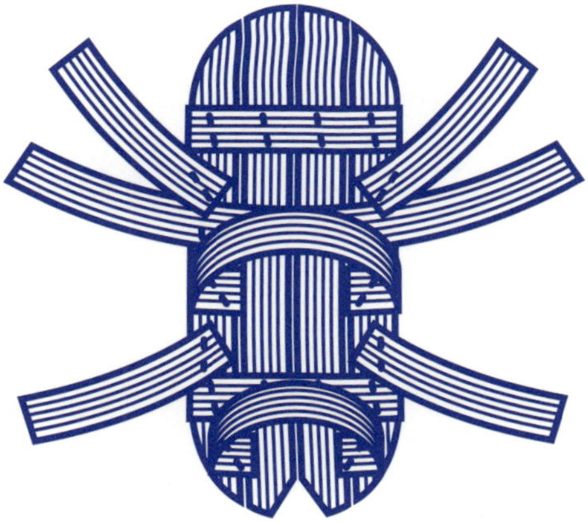

3 紙バンドの先に結び目をつくった角をはり、ふくらみをつけた紙バンドに短い角をつけてはる。

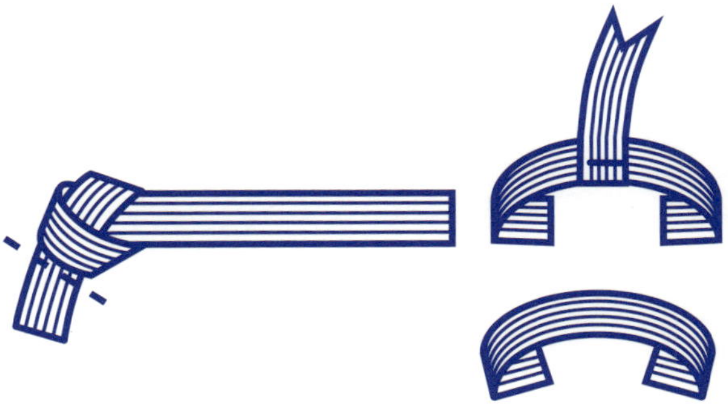

完成

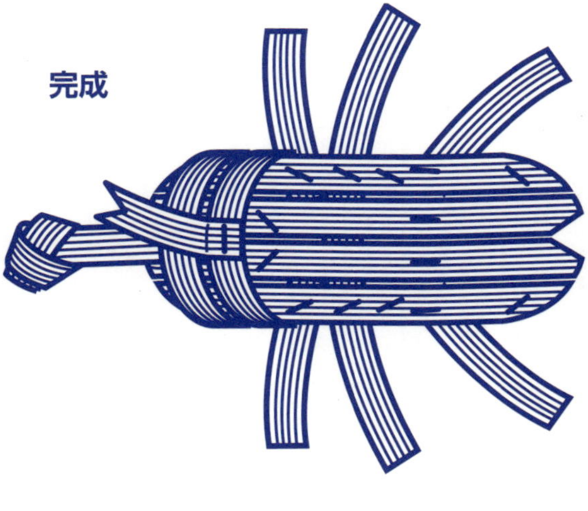

甲虫（こうちゅう）

作品写真→ p38

つくり方

1 長さ 15cm の紙バンド２本をつないで、図のような輪にする。

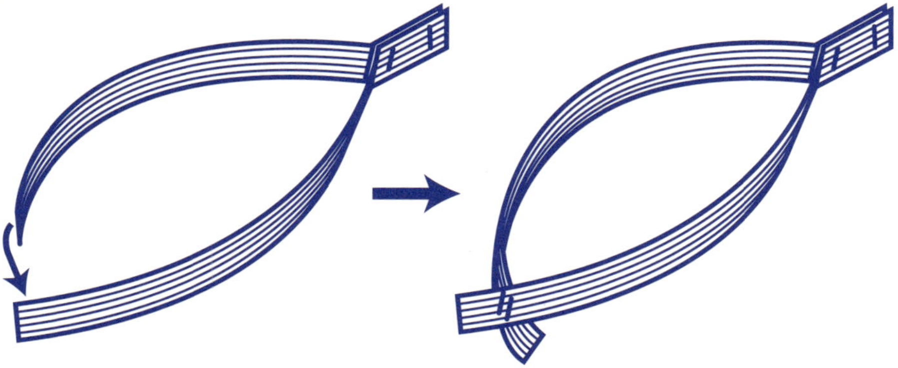

2 長さ 10cm の紙バンド２本を図のようにホチキスでつなげ、１につける。

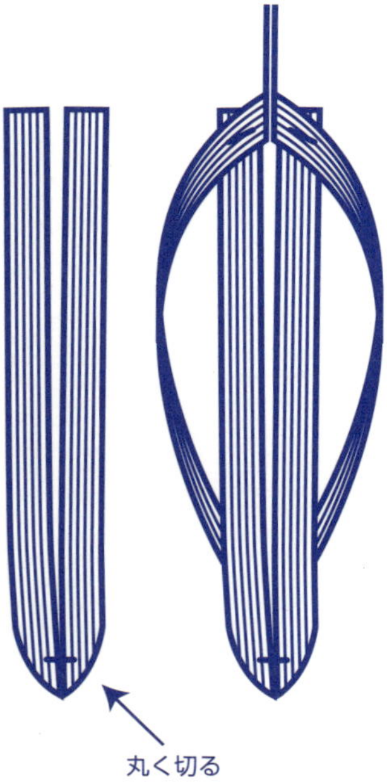

3 図のように結び目をつくり、頭にする。

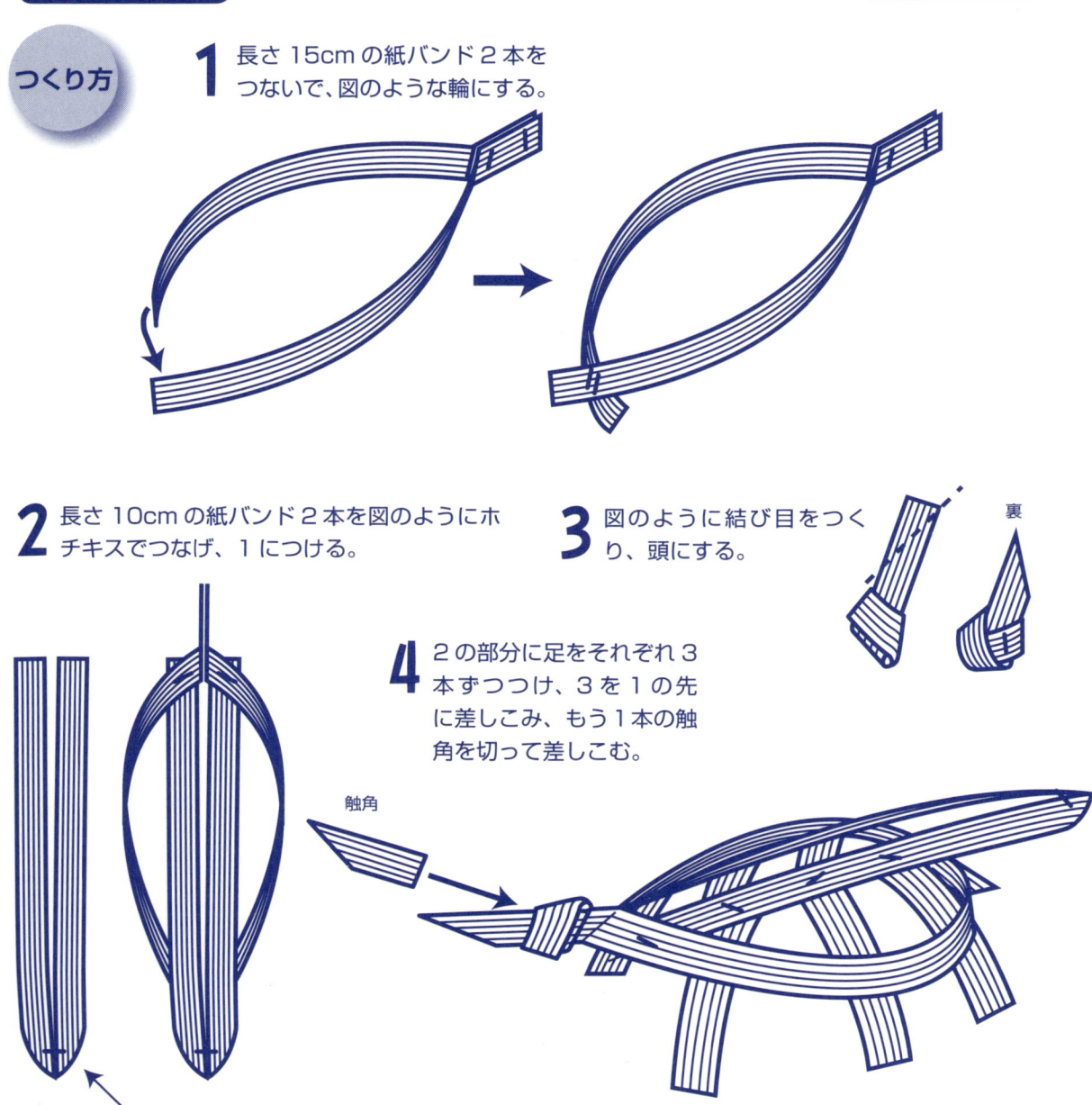

4 ２の部分に足をそれぞれ３本ずつつけ、３を１の先に差しこみ、もう１本の触角を切って差しこむ。

海の生き物 サカナ タツノオトシゴ

●●●材料●●●
セロハンテープ
油性マーカー
丸シール

セロハンテープのつやとするどくとがった感じを
こよりのようにすることで魚の体を表現します。

作品写真→ p38

つくり方

サカナ

1 サカナの体は、セロハンテープを 40cm くらいに切って、丸めたものをくっつけ合って形をつくる。

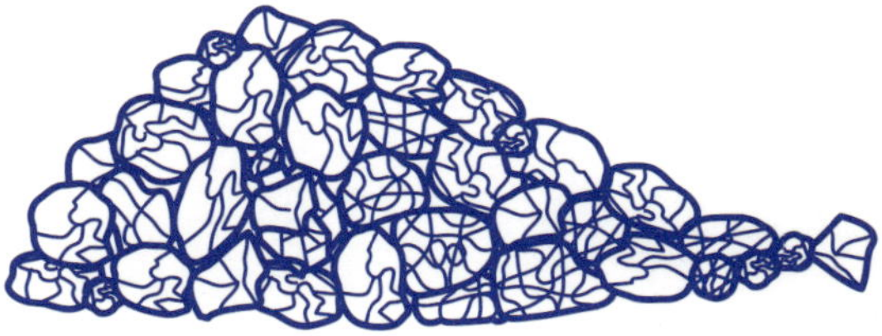

2 固いひれは、セロハンテープをこよりのように丸めた棒を並べ、セロハンテープで平たくつないでいく。

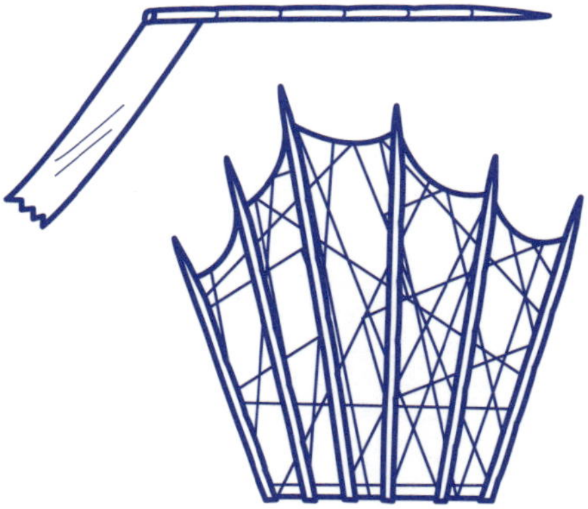

3 やわらかいひれや尾は、セロハンテープをたたんで形をつくる。

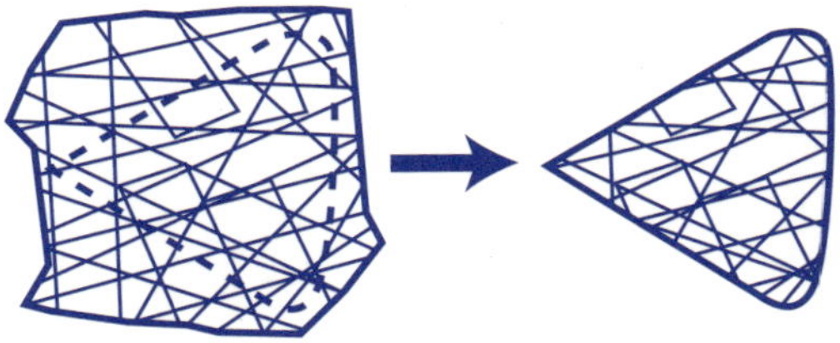

4 それぞれにマーカーで模様や色をつける。
体の部分はでこぼこなので、ぬりにくいときは、上にセロハンテープを巻いてからぬってもよい。

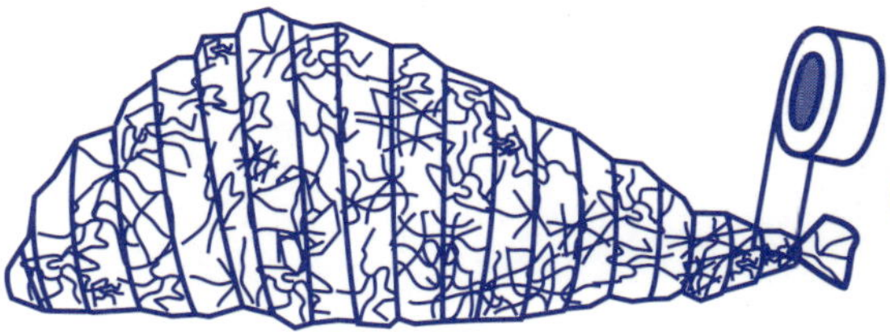

5 全体の部位をはり合わせ、丸シールで目をつける。

タツノオトシゴ

作品写真→ p38

つくり方

1 丸めたセロハンテープをくっつけあって、体全体の形をつくる。

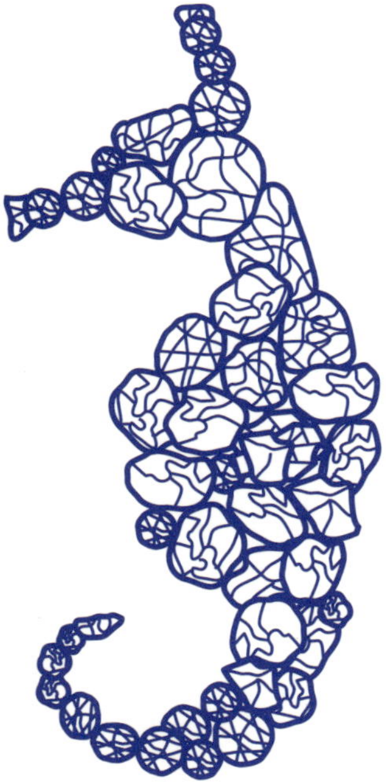

2 セロハンテープで長いこよりをつくり、体のもようやでっぱりとしてはる。

3 平たいひれは、セロハンテープをたたんでつくり、マーカーでもようをかく。

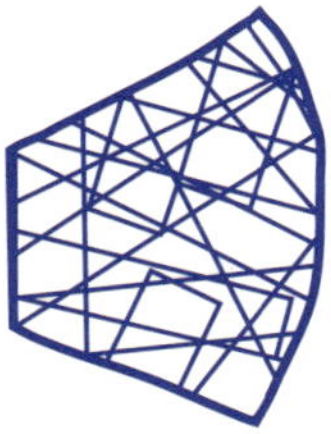

4 体に色をぬり、ひれをはってから、丸シールの目をはる。

海の生き物 エビ・カニ

スズランテープのつやを生かしてつくった、
ほんものそっくりのエビやカニです。

●●●材料●●●

スズランテープ
セロハンテープ
ビニールテープ
新聞紙　半紙
丸棒　丸シール

つくり方

エビ

作品写真→ p38

1 新聞紙を丸めて体の形をつくり、尾の部分を残して上から半紙を巻く。

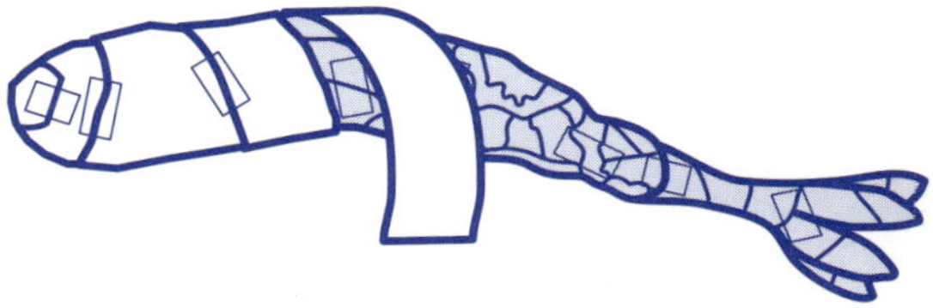

2 1の全体にピンクのスズランテープを巻く。

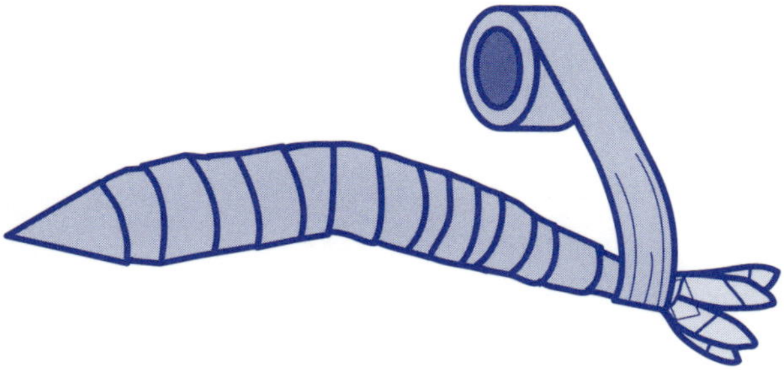

3 ずれないように腹の部分を上からセロハンテープでとめる。

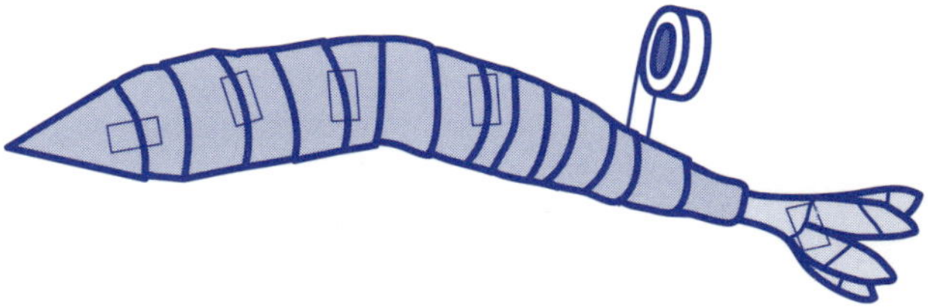

4 腹の部分は3の上から赤いスズランテープを5本巻いて結び、先を2つにさいてセロハンテープでとめる。

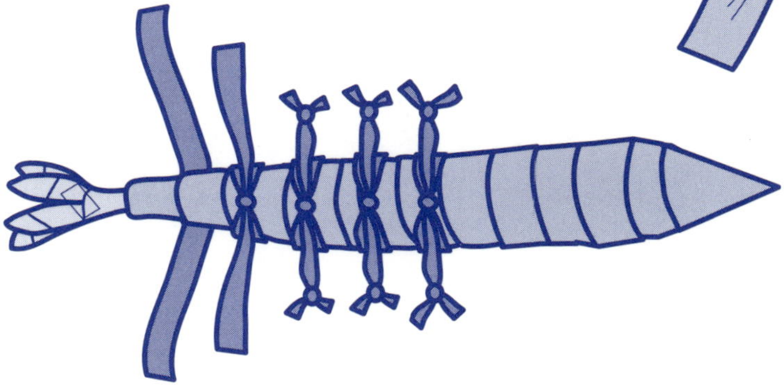

5 細長いひげや足は、スズランテープを太い竹ぐしくらいの丸棒に巻いてつくる。巻き終わったらセロハンテープでとめ、丸棒を引きぬく。

6 小さく丸めた半紙をスズランテープでくるみ、目をつくる。

7 しっぽはまん中のとがった部分を両側の２枚ずつに形づくり、半紙を巻いて上からスズランテープを巻く。

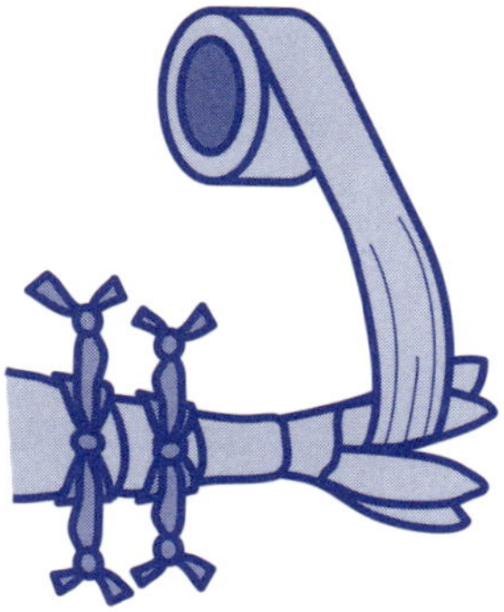

8 目の近くにひげ、胸の裏に足をはる。
頭にとがった角をつけるとエビらしくなる。

つくり方　カニ

作品写真→ p38

1 新聞紙を丸めてカニの体、足、つめ、目をバラバラに形づくり、半紙を巻いて白くする。

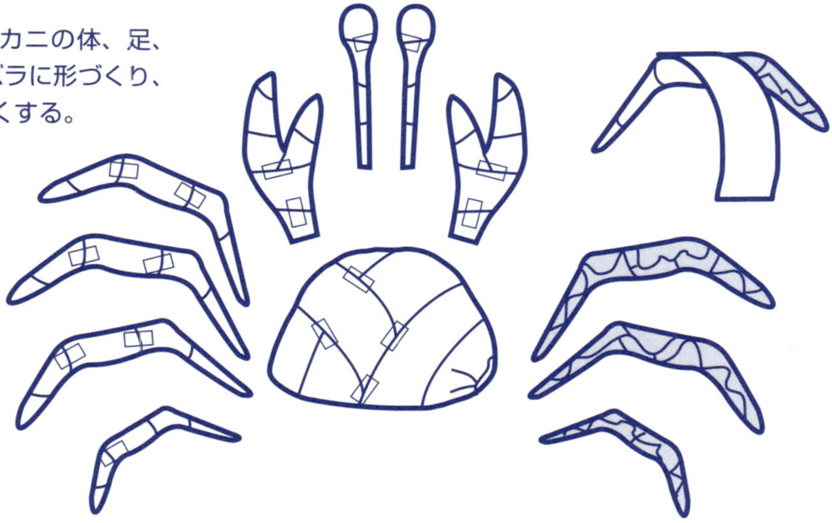

2 足を４本ずつたばねて、体にセロハンテープでとめる。

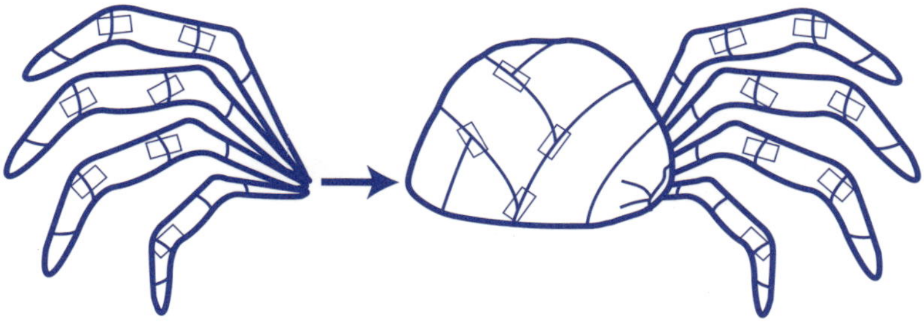

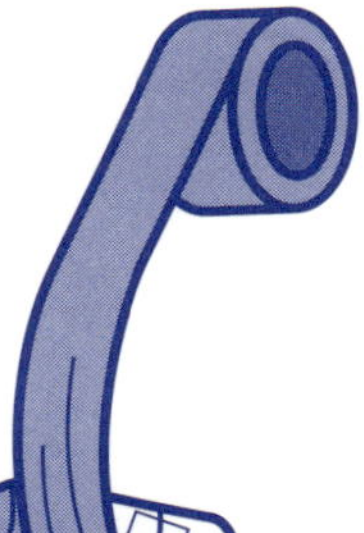

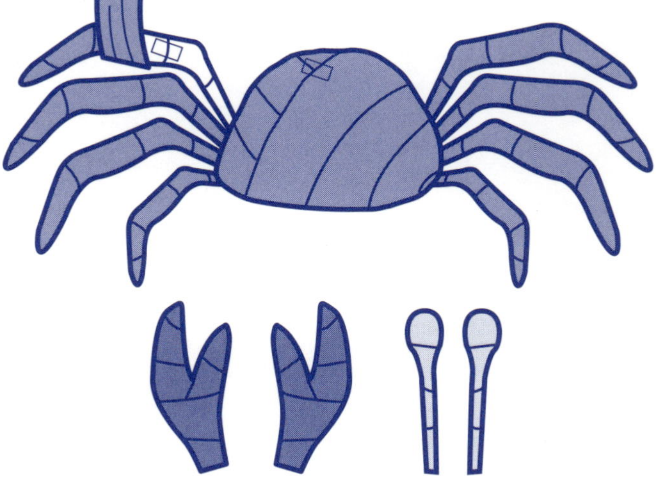

3 つめや目は、バラバラの状態でスズランテープで巻く。足のついた体もスズランテープで巻く。

4 ３につめや目をはる。丸シールで目玉をはる。ビニールテープなどで口をはる。

動物 イヌ・ネコ・ゾウ・恐竜

●●●材料●●●

紙バンド
ホチキス
ボンド

紙バンドのはりは、動物の体の曲線が自然に表現できます。りんかくを上手にとらえましょう。

作品写真→ p39

つくり方

イヌ

1 イヌの顔と体の形を1本で輪にして形づくる。

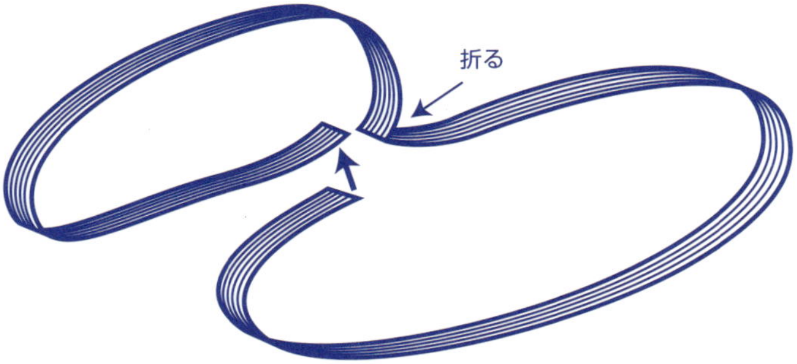

2 顔の口の部分と体の中央くらいに、図のように輪をはめてとめる。

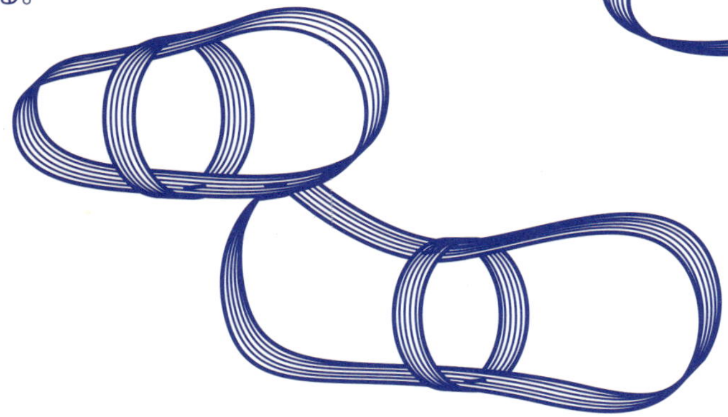

3 耳としっぽ、座った形の足を2にホチキスでとめる。

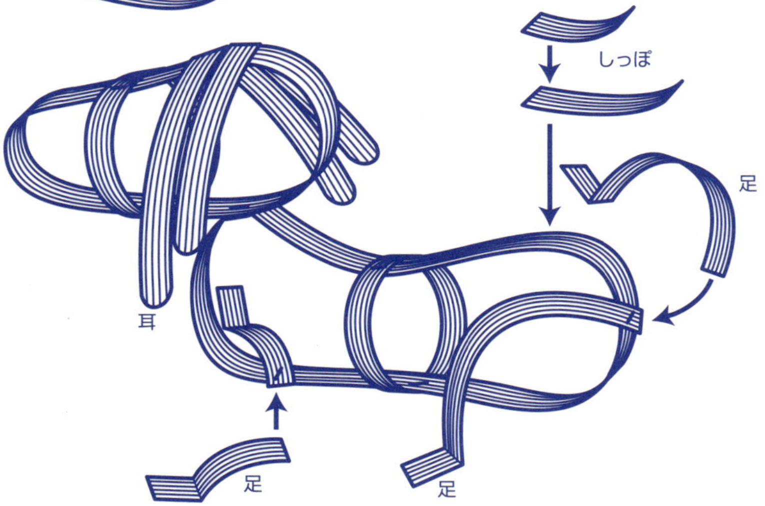

つくり方

ネコ

作品写真→ p39

1 顔をつくる。
丸い輪 A、B 2つを合わせる。

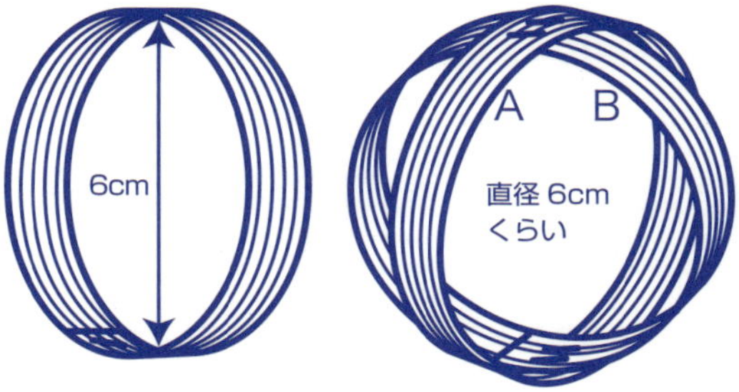
6cm
A
B
直径 6cm
くらい

2 1に交差させた2枚の紙バンドをAにとめる。

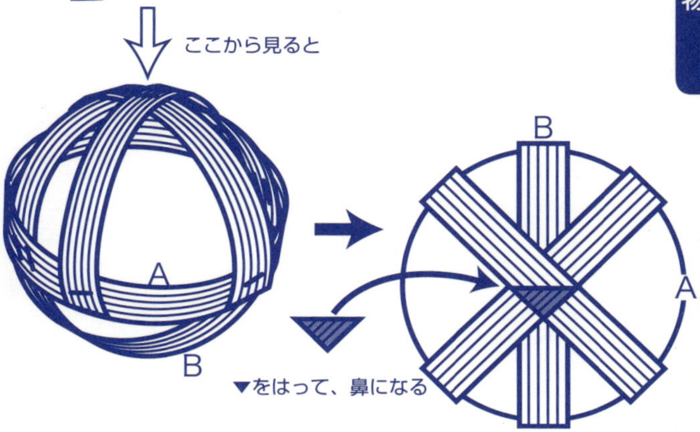
ここから見ると
A
B
B
A
▼をはって、鼻になる

3 耳を図のようにかけて、
AとBにとめる。

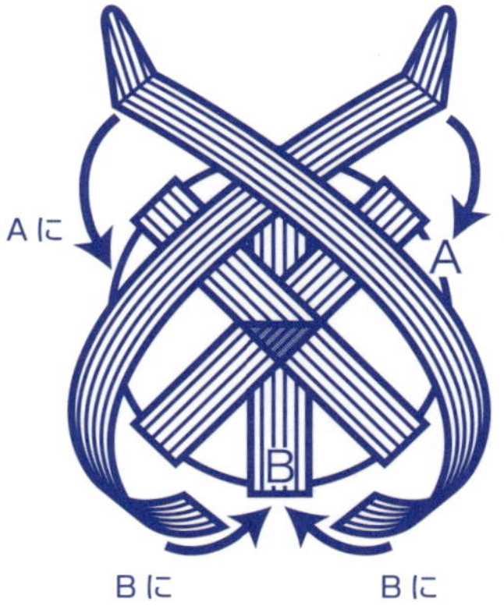
Aに
Aに
A
B
Bに
Bに

4 背と腹の形をつくって3の顔にとめる。

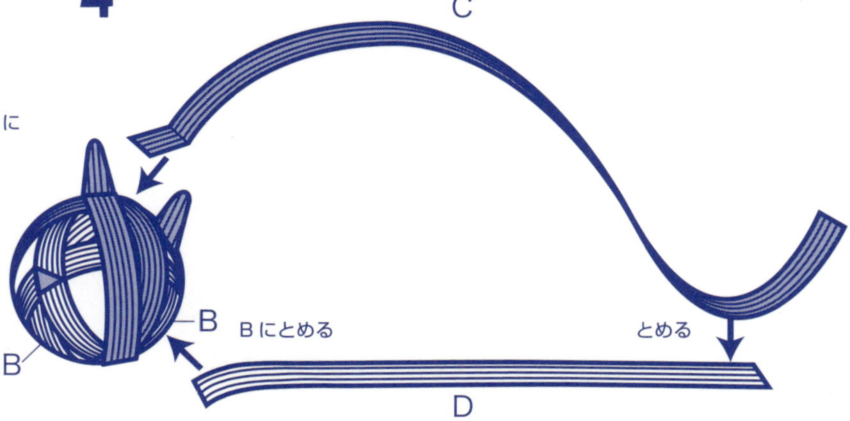
C
B
Bにとめる
とめる
B
D

5 胸から腰まで、背の形（C）
に合うように、輪を腹の紙
バンド（D）にとめていく。

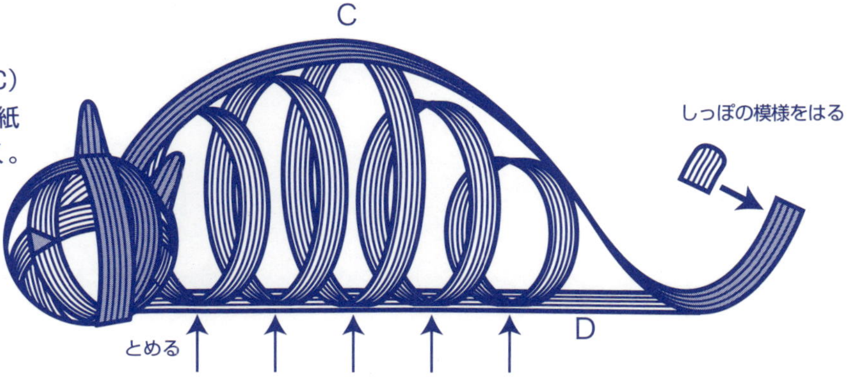
C
しっぽの模様をはる
D
とめる

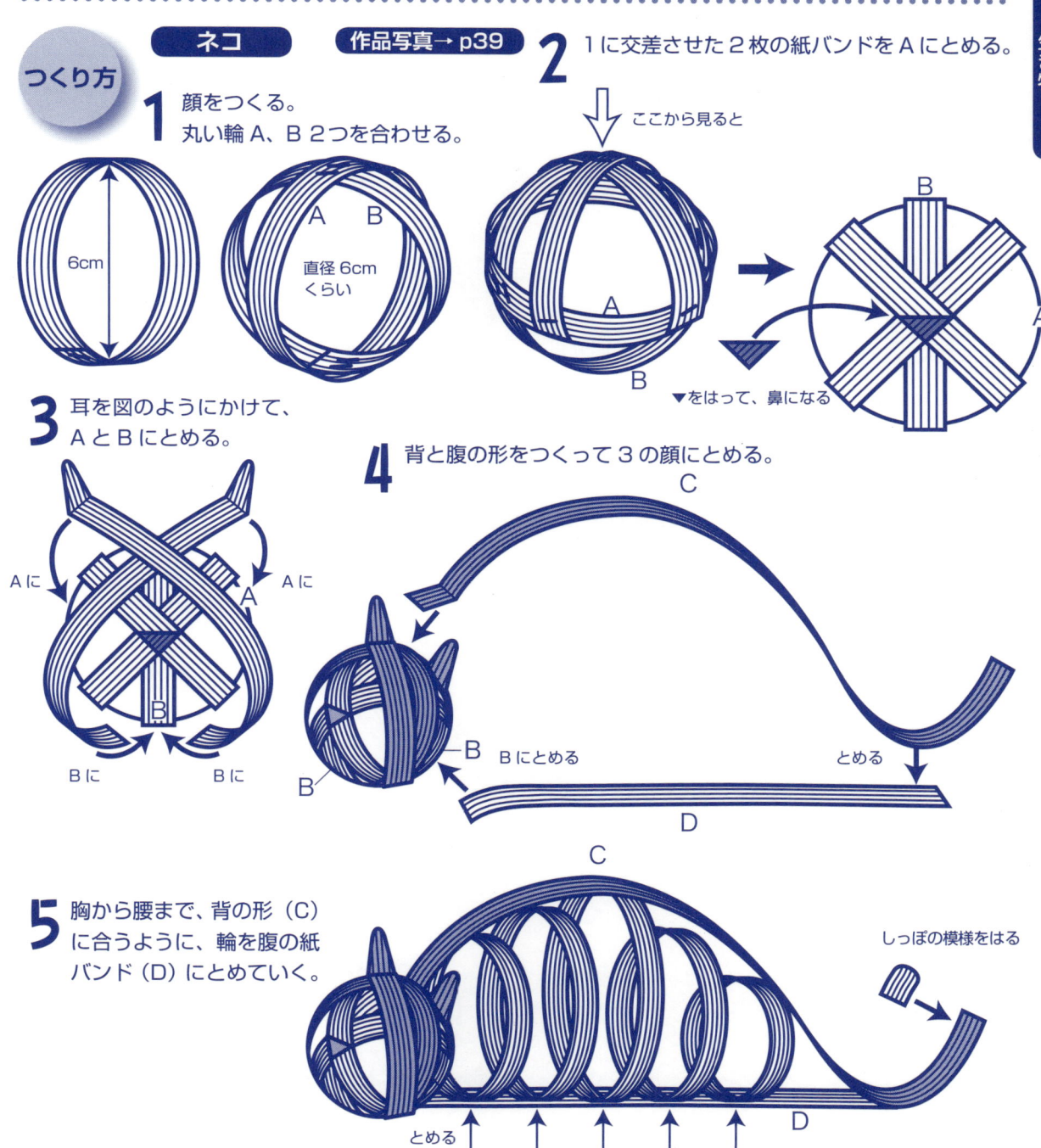

6 足をDにはり、足先、尾の先に別の色の紙バンドを切ってはる。
耳の紙バンドの前にもうひと巻きして、顔の模様にする。
目は、中側から別の色の紙ハンドをはってすき間をふさぐ。

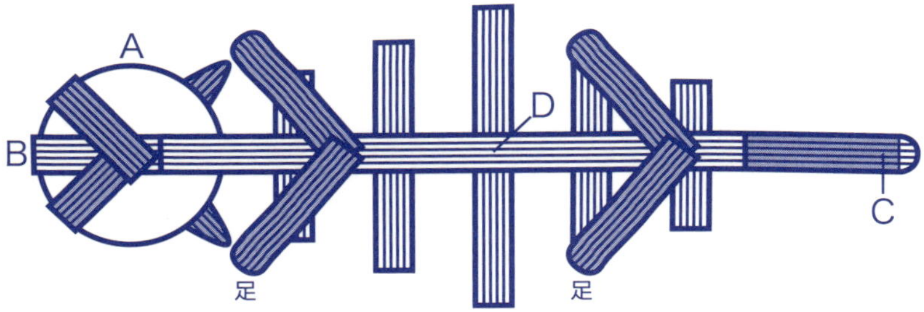

つくり方　ゾウ

作品写真→ p39

1 直径 7.5cm、7cm、6.5cm、6cm ぐらいの大きさの違う輪を４個つくる。

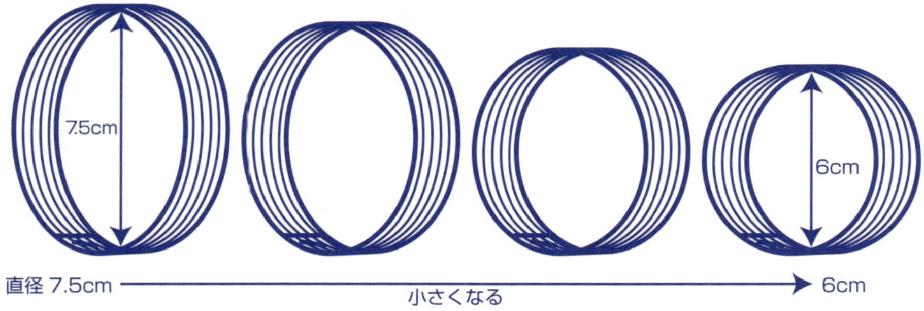

2 １の輪を２本の紙バンドにとめてつなぐ。背の紙バンドの先はとがらせてしっぽにする。
左はしの大きい輪は、首の動きになるのでとめない。

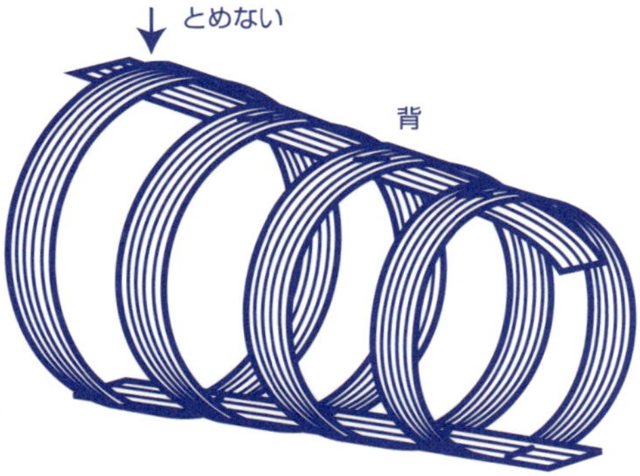

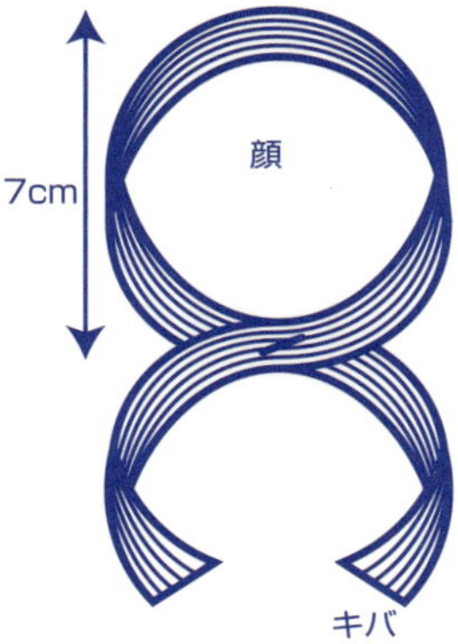
7cm
顔
キバ

3 ゾウの顔の輪とキバの先まで
１本の紙バンドでつくる。

4 ３に耳や鼻をつける。

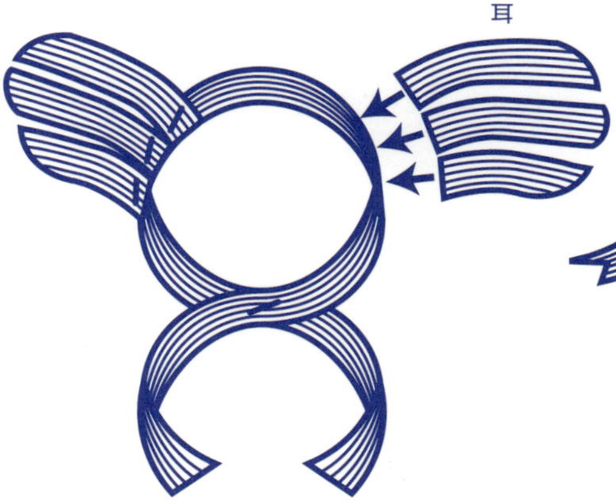
耳

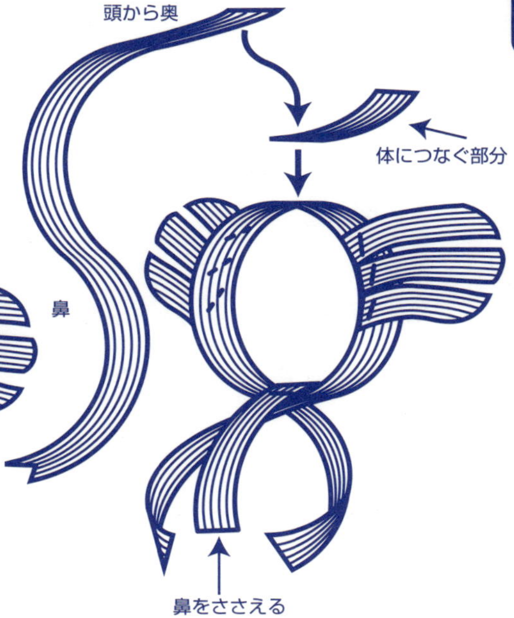
頭から奥
体につなぐ部分
鼻
鼻をささえる

5 ４を体につけ、鼻の長さと
バランスをみて、足を体の
輪にとめる。

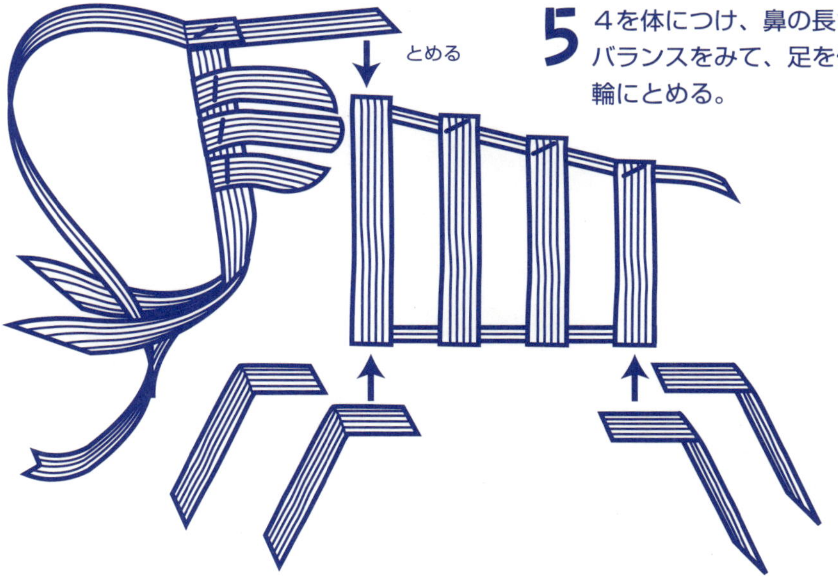
とめる

恐竜

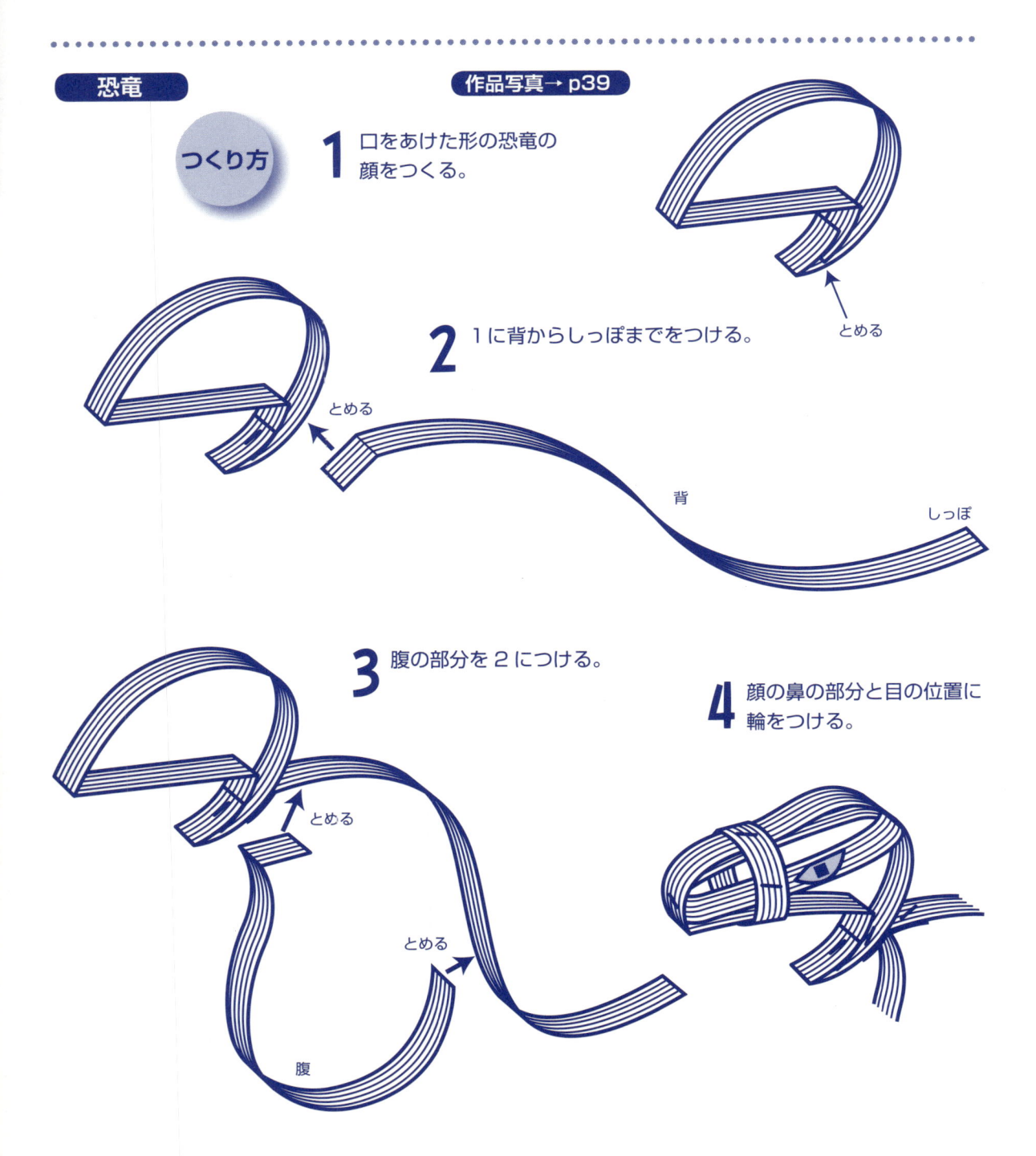

作品写真→ p39

つくり方

1 口をあけた形の恐竜の顔をつくる。

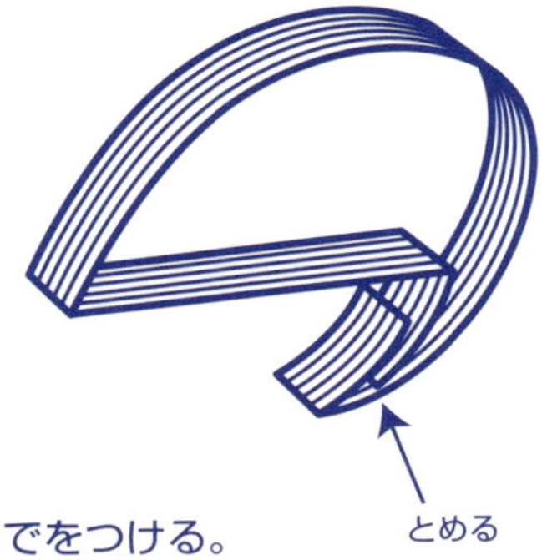

2 1に背からしっぽまでをつける。

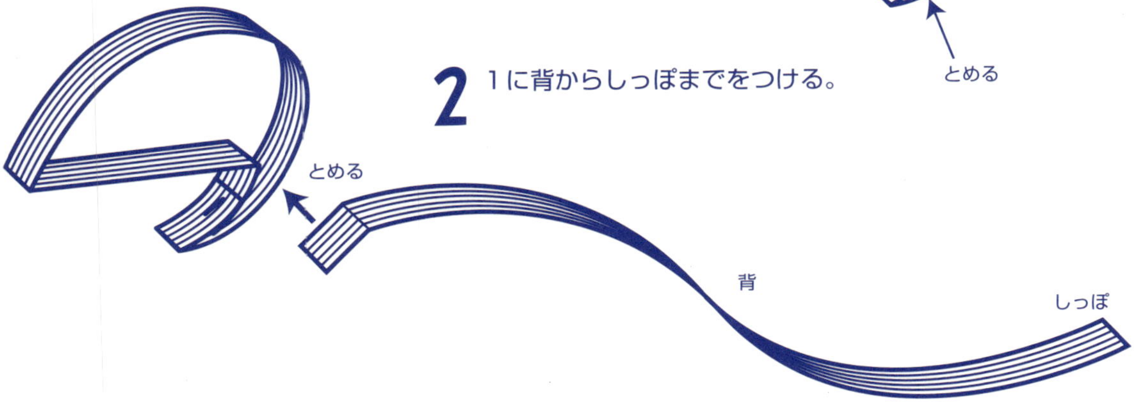

3 腹の部分を 2 につける。

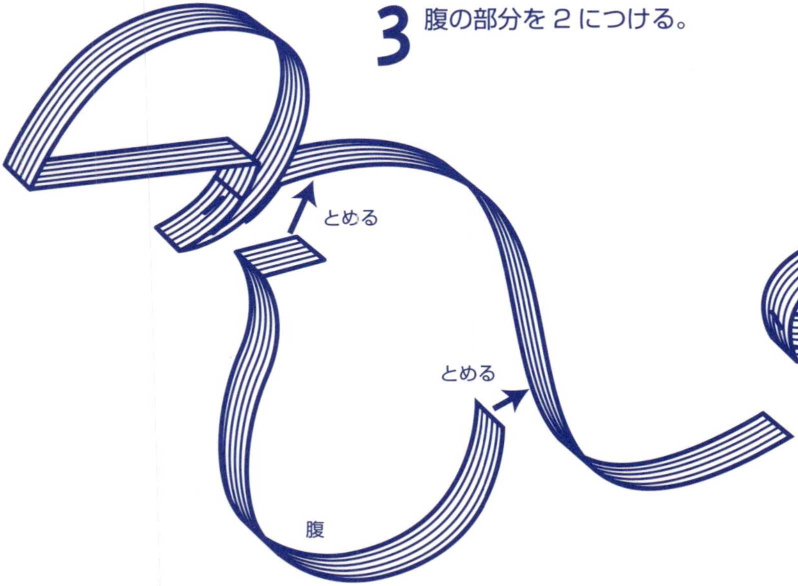

4 顔の鼻の部分と目の位置に輪をつける。

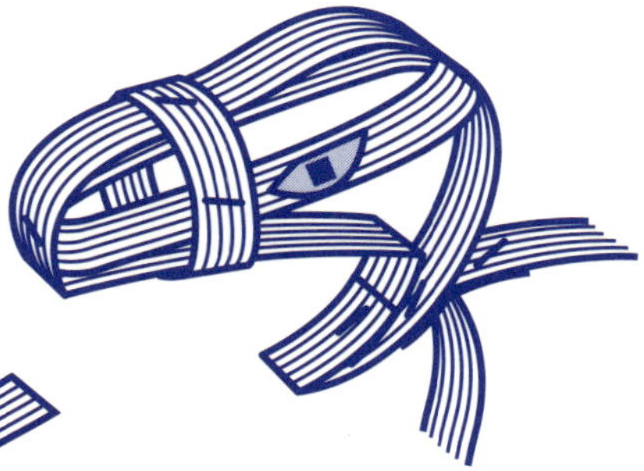

5 腹の部分に輪をつけ、下に輪の半分をつける。

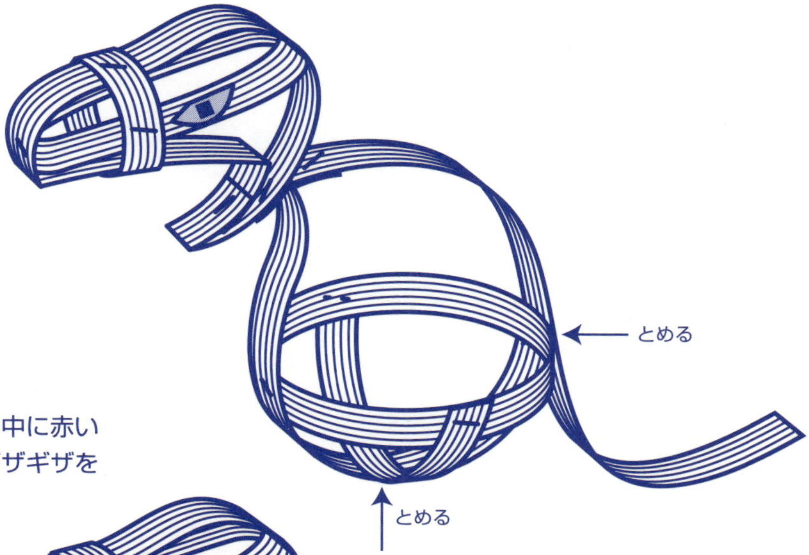

とめる
とめる

6 5に手と足、口の中に赤い紙バンド、背にギザギザをつける。

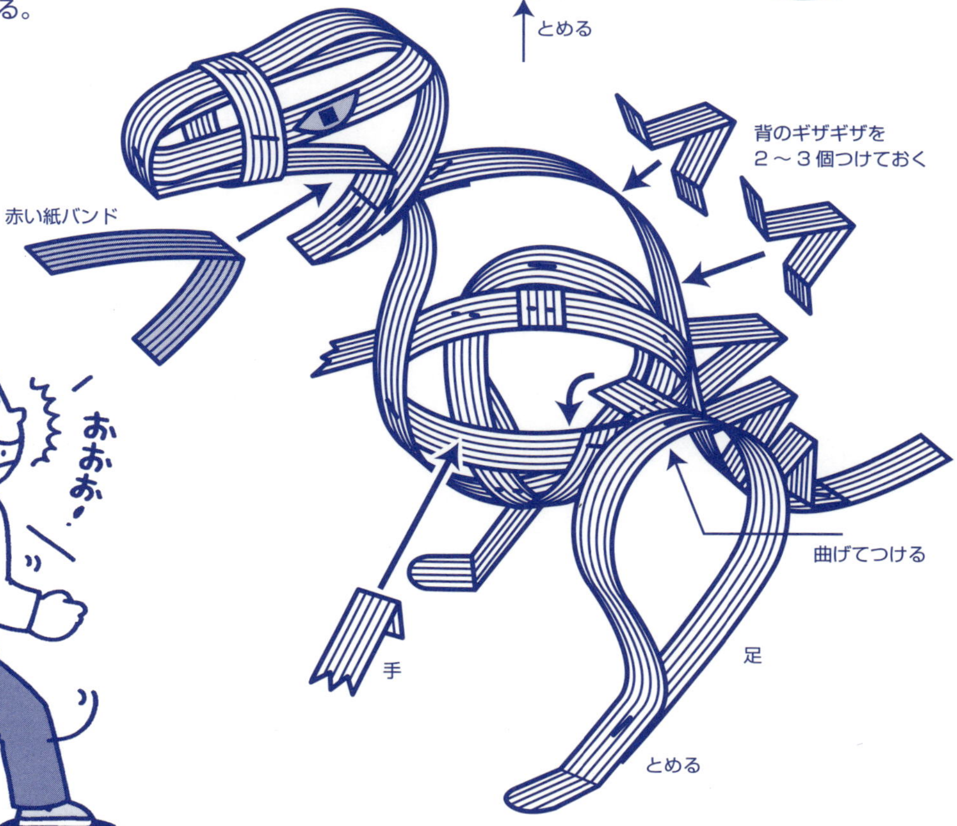

背のギザギザを
2～3個つけておく
赤い紙バンド
曲げてつける
手
足
とめる

おおお!

極楽鳥《ごくらくちょう》

作品写真→ p39

●●●材料●●●

キラキラテープ
セロハンテープ
両面テープ
針金ハンガー　紙

粘着面のないキラキラテープは、とてもきれいではでな仕上がりになります。

つくり方

1 針金ハンガーを曲げて、鳥のような形にする。

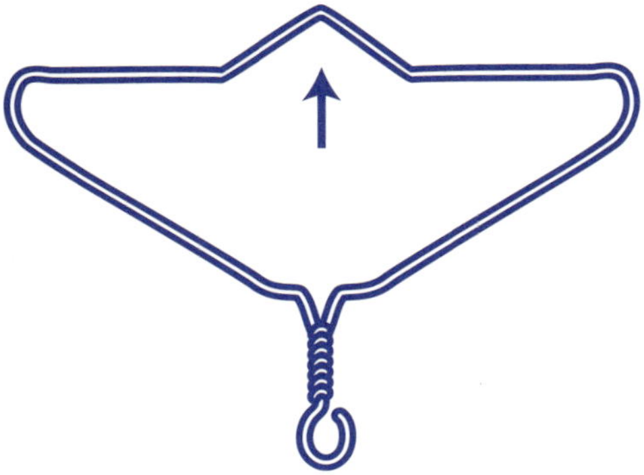

2 両面テープでキラキラテープをハンガーにはっていく。

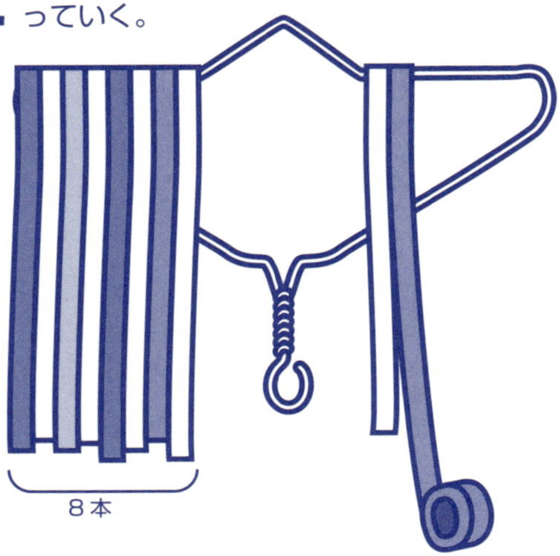

3 2に図のように、横に互い違いに2本くらい織りこんでいく。

4 キラキラテープがぬけないようにセロハンテープでとめる。3を裏返し、たてのキラキラテープをハンガーの針金にはる。

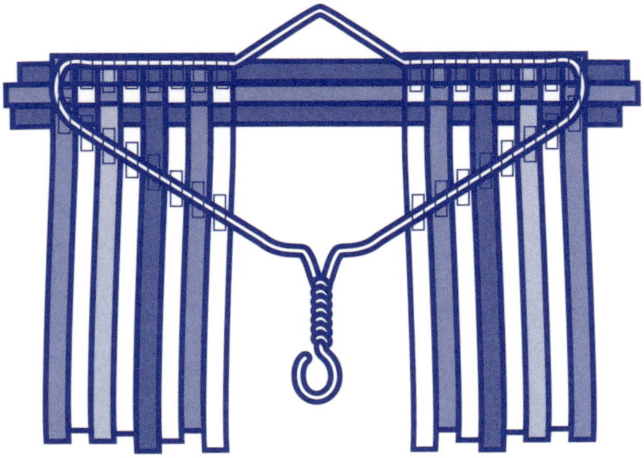

5 羽の形を切りそろえ、紙で頭をつくってはる。頭、体の部分に裏から紙をあて、キラキラテープを表からはる。

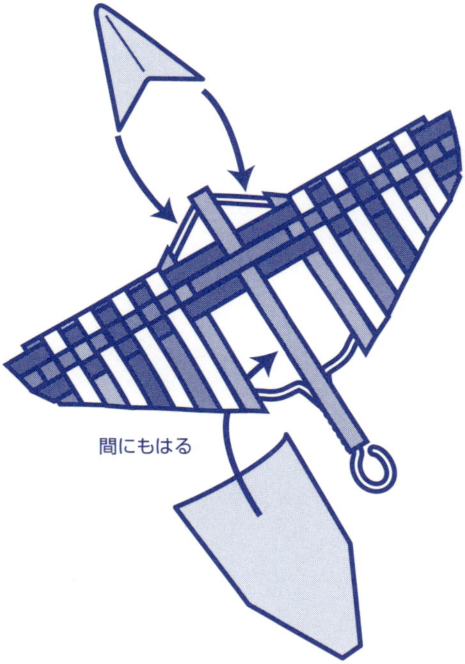

6 頭のかざり、尾をつける。

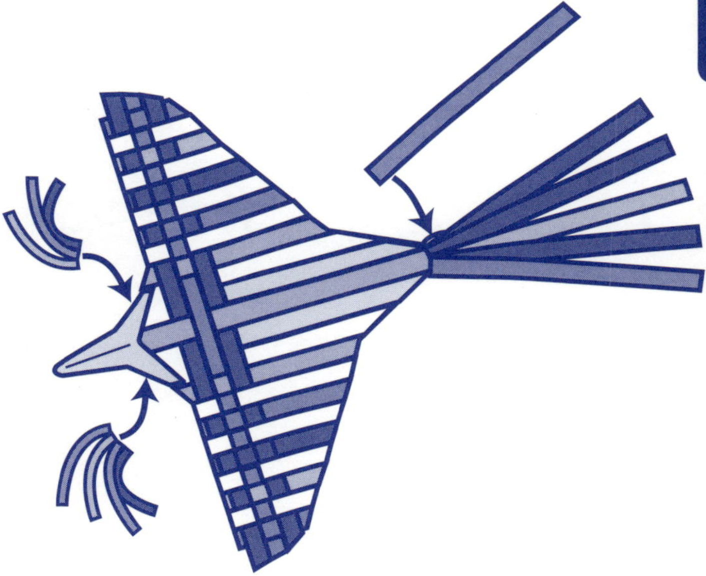

1つが大きく

作品写真→ p40

●●●材料●●●
紙テープ　のり
はさみ

紙テープはのりでかんたんにくっつくし、
ちょこちょこっと準備ができます。
まず最初は、「メビウスの輪」という手品です。

つくり方

1 表側が裏にならないように、紙テープを1回ねじってはり合わせて輪にする。

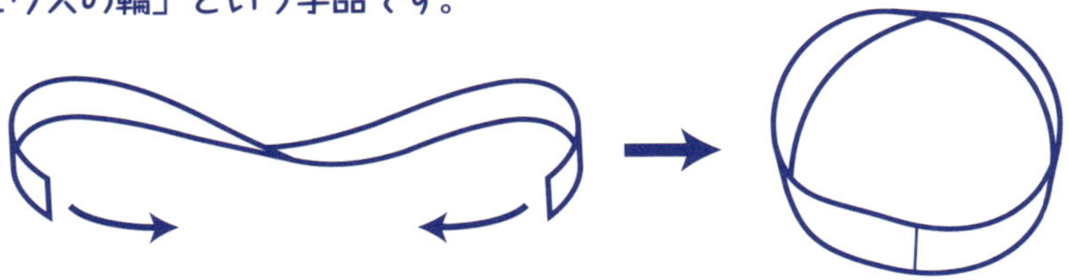

2 図のように1の点線の部分を切る。

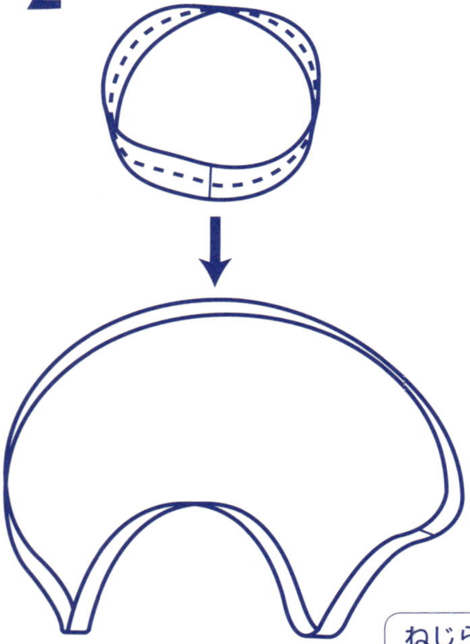

3 さらに同じように、2を半分に切ると、不思議なくさりになる。

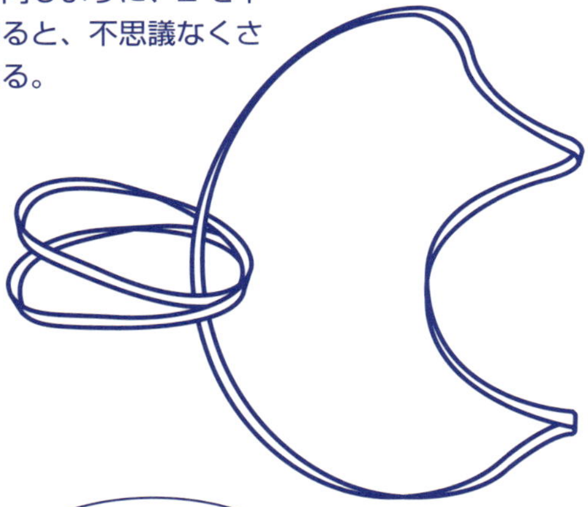

ねじらないと、図のように2つになる。

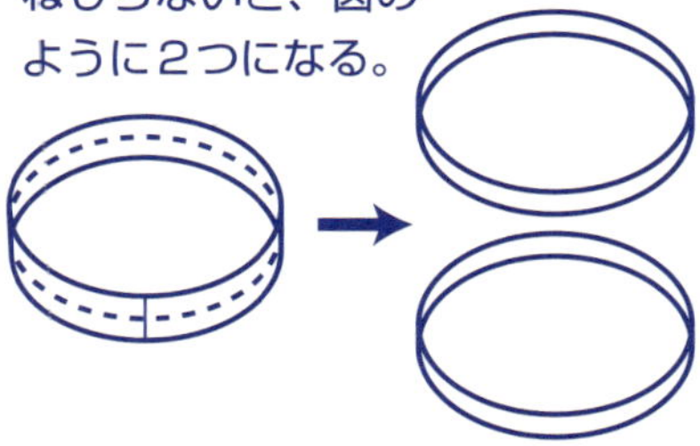

丸が四角に！

作品写真→ p40

●●●材料●●●
紙テープ　のり
はさみ

2色の紙テープを使うと、よりわかりやすいです。

つくり方

1 同じくらいの輪を2つつくる。

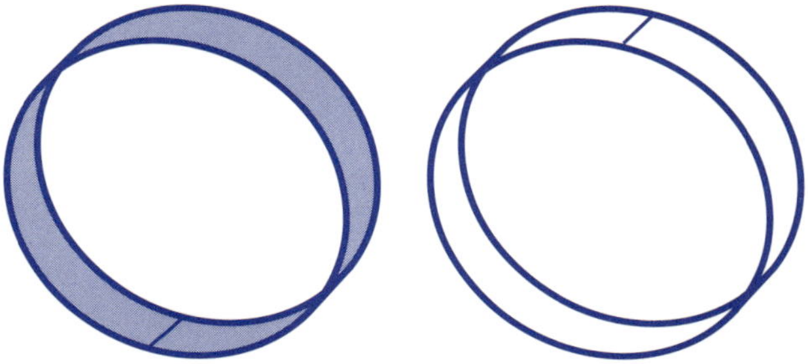

2 1を十字に合わせ、1カ所をはり合わせる。

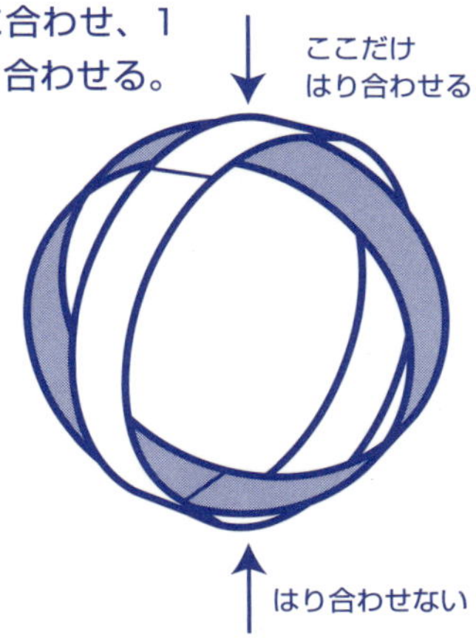

3 図のように、2を点線のように切る。

四角になった！

ピンクがブルーに
（帯からくり）

●●●材料●●●

紙テープ　両面テープ
布ガムテープ
牛乳パック

作品写真→ p40

つくり方

昔からあるからくりの１つ「帯からくり」を、紙テープと牛乳パックでつくります。

1 牛乳パックの注ぎ口と底を切りとり、側面を幅 6cm に切る。
同じものを５個つくる。

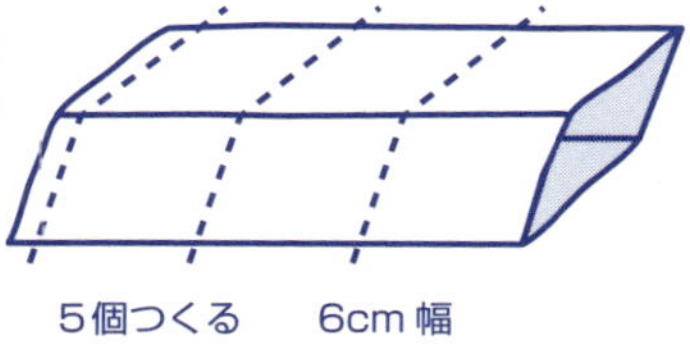

2 １の一辺を切って開き、両はしを少し切り、図のようにたたんではる。

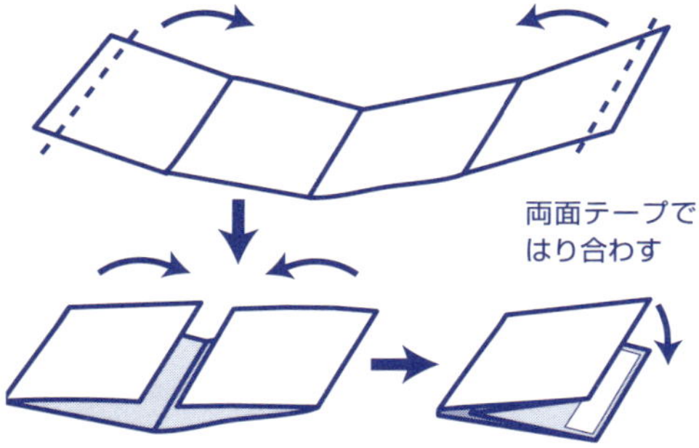

3 ２の片面に布ガムテープをはる。もう一方の面は違う色の布ガムテープをはる。（色紙などを両面テープではってもよい）

4 ３の同じ色の面を向けて５枚並べる。中央のテープからかけていく。

★紙テープは、10cm くらいの長さのものを４枚。

5 **テープのかけ方**（ゆるまないようにはる）

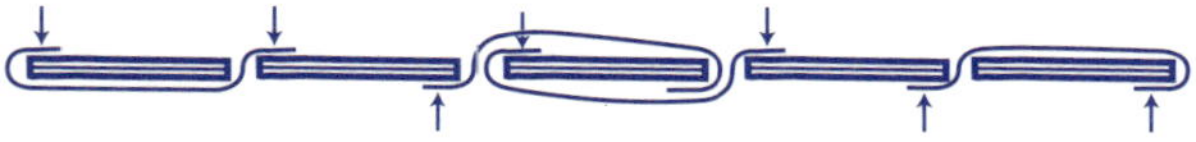

●中央のテープのかけ方

【断面図】

↑の部分は、紙テープと牛乳パックを両面テープでとめる。

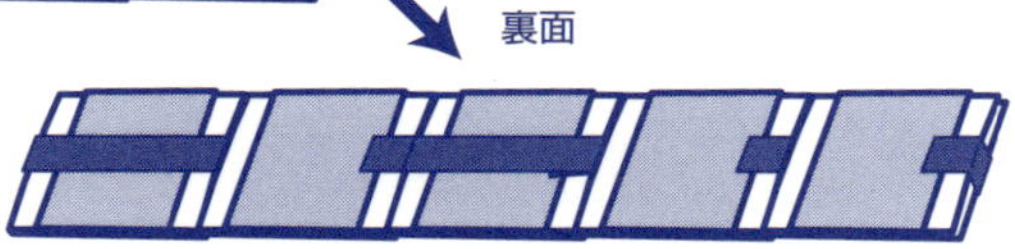

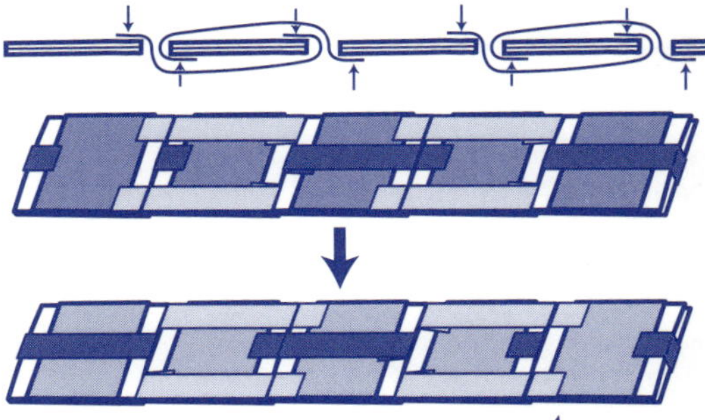

6 牛乳パックを切って持ち手をつくり、右側の牛乳パックに通してつける。

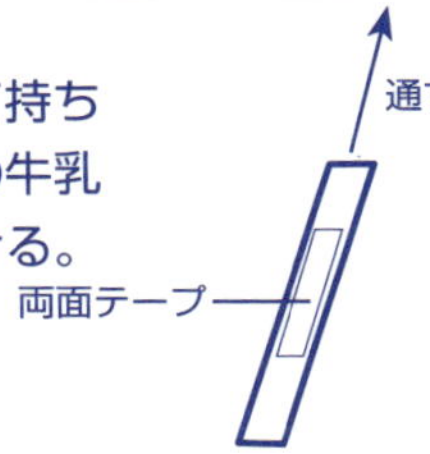
通す
両面テープ

●両はしのテープのかけ方
【断面図】
テープは 10cm くらいの長さを４本ずつ８本。

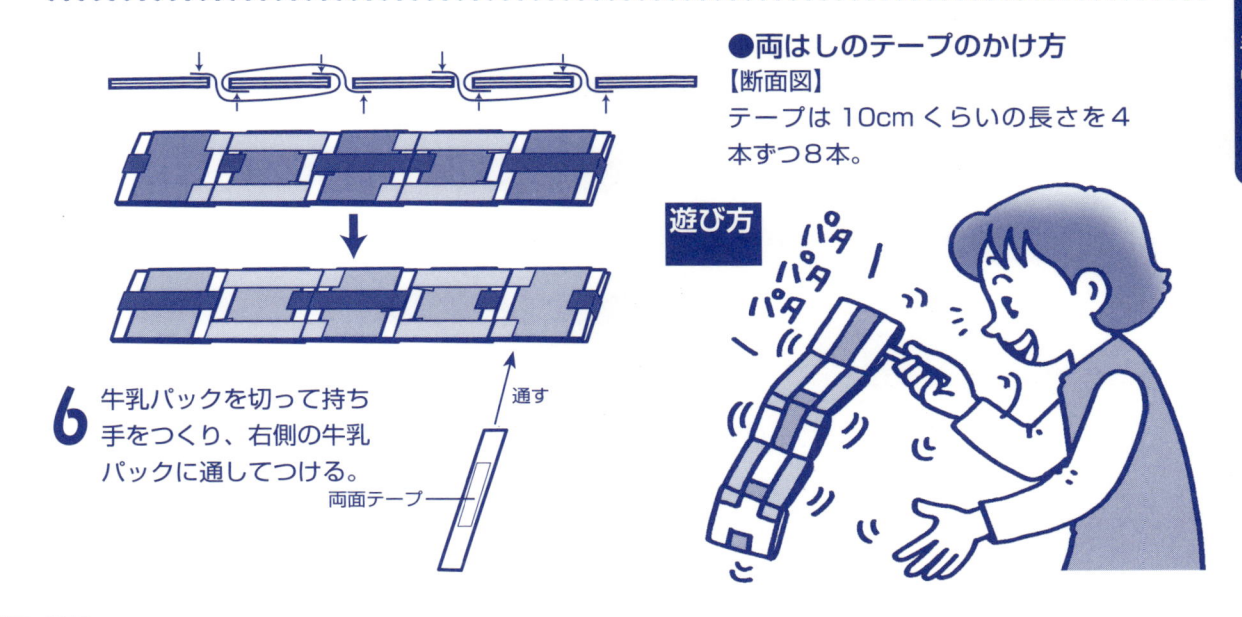

遊び方

パタ
パタ
パタ

割れないふうせん

ゴムふうせんにセロハンテープをはると、穴があいてもさけていきません。つまり、割れないわけです。

●●●材料●●●
セロハンテープ
ゴムふうせん
プッシュピン　紙
油性マーカー

作品写真→ p40

つくり方

1 ゴムふうせんをふくらませて、油性マーカーでブタの顔をかく。

紙で耳をつくり、
ふうせんにはる

2 １の鼻の穴にセロハンテープをはる。

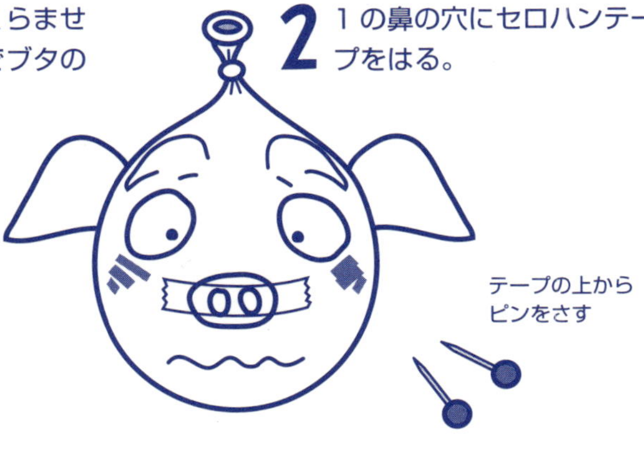
テープの上から
ピンをさす

もじゃもじゃイモムシ

●●●材料●●●
カセットテープ
フェライト磁石
両面テープ　色画用紙
ポリ袋　毛糸

作品写真→ p40

カセットテープやビデオテープは磁石のはたらきをするものがぬられています。フェライト磁石によくくっつくことを利用します。

つくり方

1 色画用紙をイモムシの形に切り、周りに両面テープをはって、カセットテープを切ってはる。

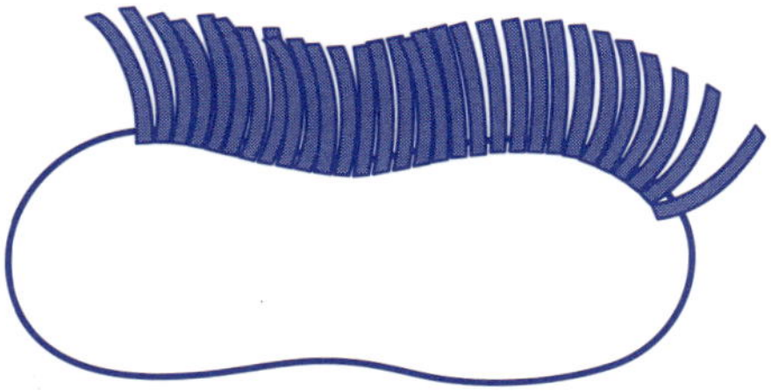

2 1にイモムシらしく、色や模様、目をつける。

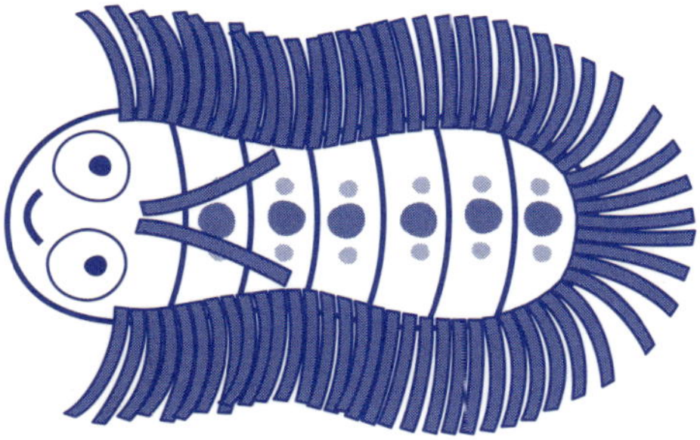

3 フェライト磁石をうすいポリ袋でつつみ、毛糸をつける。

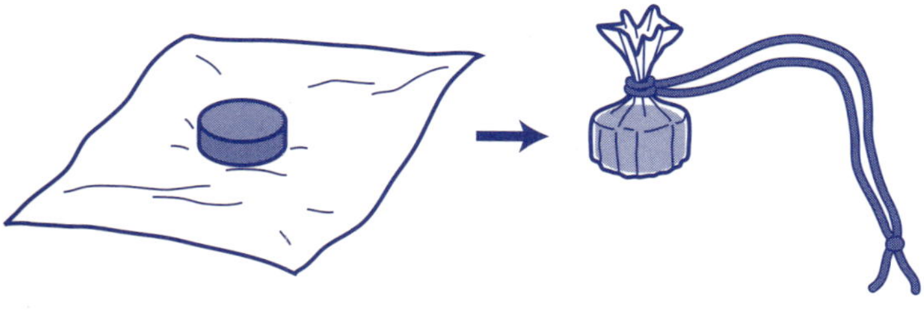

遊び方

3をつるして、イモムシの足を動かす。

静かなタコ

作品写真→ p40

●●●材料●●●

ビニールテープ　紙テープ
ゴムふうせん　プッシュピン
油性マーカー

つくり方

ゴムふうせんは、ゴムが一気にさけてちぢむことで割れるときに大きな音がします。ビニールテープで小さく囲ったところをプッシュピンでさせば、さける部分が少しなので、音もしょんぼりです。

1 ゴムふうせんをふくらませ、タコの口の部分をビニールテープで囲み、顔をかく。

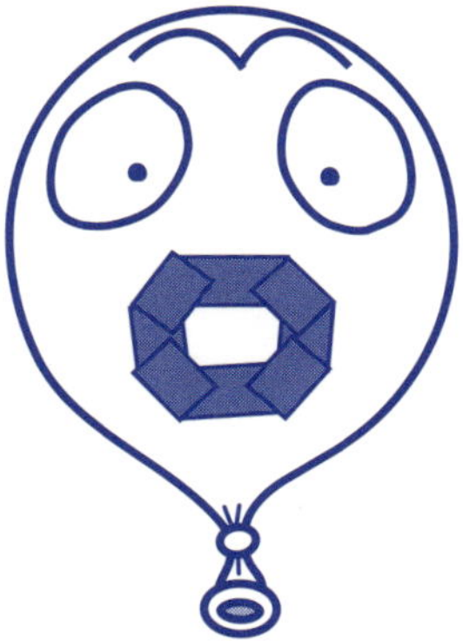

2 紙テープを切り、ふうせんにはって足にする。

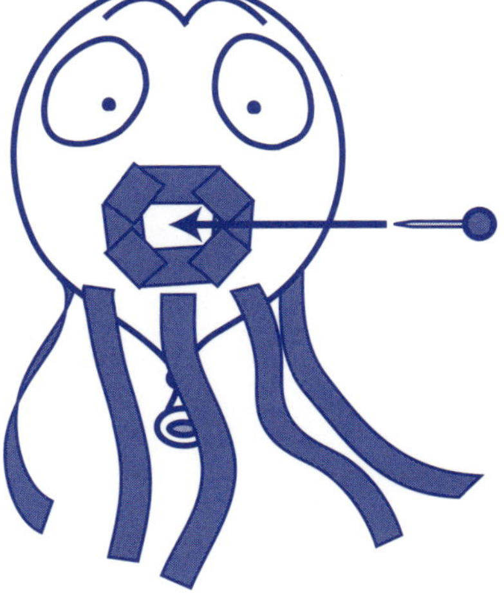

遊び方　口をねらって、プッシュピンをさす。

プロフィール

立花愛子 (たちばな あいこ)

造形かがく遊び作家。子どもの造形教室指導、NHK 教育テレビ理科番組の造形制作を経て、現在は幼児、保育士、母親向けの雑誌や児童書の科学あそびを中心とした造形制作を手がけている。書籍以外では、子ども向け科学館の展示、イベントの企画制作、ワークショップ指導。最近は「かがくあそび」をテーマにした保育士向けの講習会の講師が増えている。著書に、『作品展のアイデア集』(ひかりのくに)、『ポリぶくろであそぼう』(世界文化社)、『手作りおもちゃアイデア集』『びっくり！おもしろ空気遊び』(チャイルド本社)、『楽しい科学あそびシリーズ』(さ・え・ら書房)、『科学じかけの貯金箱　自由研究 BOOK』『科学工作図鑑 1 〜 3』『素材別キッズハンドクラフト　楽しいストロー工作』(いかだ社) などがある。

佐々木　伸 (ささき しん)

造形工作作家、イラストレーター。学習参考書の理科イラストや児童書、手芸関連の作品の制作、科学館の展示物の企画制作など幅広く手がけている。共著に、『テーマ別自由研究・工作シリーズ』(フレーベル館)、『おもしろ自由工作ベスト 20』(主婦と生活社)、『あそべるアイデア工作』(ナツメ社) などがある。

2006 年よりフリーランスの編集者 3 人、造形作家 3 人でなる「築地制作所」というユニットをつくり、佐々木・立花ともにメンバーとして、子どもの造形を通した遊びをテーマに書籍、造形教室、イベント、テレビなど、媒体を問わず活動を展開中。

編集●内田直子
イラスト●佐々木伸 (つくり方) / 種田瑞子
撮影●大塚高雄
デザイン●渡辺美知子デザイン室

素材別　キッズハンドクラフト
楽しいテープ工作

2010 年 6 月 15 日　第 1 刷発行

著者●立花愛子・佐々木伸 ©
発行人●新沼光太郎
発行所●株式会社いかだ社
〒 102-0072　東京都千代田区飯田橋 2-4-10　加島ビル
Tel.03-3234-5365　Fax.03-3234-5308
振替・00130-2-572993
印刷・製本　株式会社ミツワ

乱丁・落丁の場合はお取り換えいたします。
ISBN978-4-87051-296-2